本书由
　　大连市人民政府资助出版
The published book is sponsored
by the Dalian Municipal Government

国家社会科学基金项目（12CGL026）研究成果

国有企业资本投资管控机制研究

刘媛媛 ◇ 著

中国社会科学出版社

图书在版编目（CIP）数据

国有企业资本投资管控机制研究/刘媛媛著.—北京：中国社会科学出版社，2017.5
 ISBN 978-7-5203-0578-5

Ⅰ.①国… Ⅱ.①刘… Ⅲ.①国有企业—资本投资—投资管理—研究—中国 Ⅳ.①F279.241

中国版本图书馆 CIP 数据核字（2017）第 126523 号

出 版 人	赵剑英
责任编辑	卢小生
责任校对	周晓东
责任印制	王　超

出　　版	中国社会科学出版社
社　　址	北京鼓楼西大街甲 158 号
邮　　编	100720
网　　址	http://www.csspw.cn
发 行 部	010-84083685
门 市 部	010-84029450
经　　销	新华书店及其他书店
印　　刷	北京明恒达印务有限公司
装　　订	廊坊市广阳区广增装订厂
版　　次	2017 年 5 月第 1 版
印　　次	2017 年 5 月第 1 次印刷
开　　本	710×1000　1/16
印　　张	13.25
插　　页	2
字　　数	185 千字
定　　价	58.00 元

凡购买中国社会科学出版社图书，如有质量问题请与本社营销中心联系调换
电话：010-84083683
版权所有　侵权必究

前　言

在我国经济增长乏力和欧美经济衰退的内外大背景下，中国企业面临着治理转型。随着国家"十二五"战略规划的逐步实施和公司治理机制中不同利益主体代理冲突的演化，作为国民经济支柱的国有企业资本投资效率问题成为治理转型背景下深化国有企业产权制度改革的核心问题。深化国有企业产权制度改革总体要求是必须"突出国有企业的资本属性，引导企业增强价值创造能力和风险控制能力"，"突出主业，有利于提高企业核心竞争能力"。对此，本书所要关注的问题是：影响国有企业资本投资效率的因素究竟是什么？分别是如何影响的？治理转型经济中如何提高国有企业资本投资的效率，促进国有企业增强价值创造能力、风险控制能力和实现可持续增长？对这些问题的解决，符合国家"十二五"关于国有资本优化配置的战略导向和国资委关于投资监管、中央企业考核的政策取向，这正是本书的现实意义所在。

国有企业资本投资战略管理控制问题涉及两个方面：（1）从战略管理角度来说，资本投资后形成的资产作为企业战略实施的载体其基本结构必须与企业的发展战略相吻合。（2）资本投资作为购置和形成企业各类资源和资产的主要财务决策，由于其本身的重要性及其与融资和股利分配决策之间的密切联系，从资本投资视角剖析国有企业内部控制与风险管理问题不仅直击要害，而且为进一步探讨治理模式、管理控制与企业绩效之间的影响机制提供了新的视角。

关于解释国有企业非效率投资的一个广为接受的观点是建立在

委托—代理理论基础上的产权改革理论，这方面的已有文献无疑为国有企业资本投资控制这一焦点议题奠定了重要基础。但是，这些文献对于我国治理转型的制度背景、国有企业非效率投资的政府干预因素、集团化的国有企业特征、契约内涵和管理缺陷把握不够全面和深入，不能为资本投资效率提供一个完备的解释框架。

从长远出发，无论是解决国有资产的宏观配置效率问题，还是解决国有企业资源的微观配置效率问题，都需要结合我国治理转型的制度背景，运用制度理论和战略管理理论统揽国有企业资本投资控制的整个全局，并深入探究国有企业资本投资的战略性管理控制系统的构成及运行机制。否则，难以对如何提升国有企业资本投资效率问题做出科学合理的解析。

本书讨论的内容包括：（1）国有企业的契约特性对资本投资效率的影响研究。在全面回顾国有企业产权改革历程及对国有企业契约特性进行剖析和基于契约的资本投资效率的科学内涵进行诠释的基础上，深入分析国有企业的契约特性对资本投资效率的影响机制。（2）国有企业资本投资的战略性财务控制系统构建及其运行机制。构建以国有企业为核心主体，以国家发展改革委、相关部委、国资委、财政部为辅助主体、以政府管制、公司治理控制、管理控制为实现手段，以评价控制、预算控制、激励控制等子系统为中心的国有企业资本投资的自主战略性财务控制系统，并在分析每个子系统包含的范畴及各个子系统之间交互关系的基础上，对国有企业资本投资的自主战略性财务控制系统的作用机理与运行模式进行深入探究。（3）国有企业资本投资的战略性财务控制要处理的关系分析。通过定性与定量相结合的实证研究方法和案例研究方法，寻求国有企业资本投资效率的契约因素和风险因素，检验不同因素对国有企业资本投资效率的影响程度，并进一步挖掘风险管理、价值创造和可持续增长三个方面与资本投资效率的关系。（4）政府管制对国有企业战略性财务控制的作用机理分析。以高管薪酬管制为主的政府管制被认为是解决国有企业资本投资效率的重要手段。本书将深入探究政府管制对国有企业资本投资的作用机理,并通过实证研究分析不同政府管制措施的效率以及对不同类型、不同地区国有企业的影响差异。(5)提升国有企业资本投资效率的战略性财务控制的系统性政策与对策设计。从如何构建国有企业资本投资的自主战略性财务控制系统出发,对通过政府管制、治理控制和管理控制促进提高国有企业资本投资效率,提供系统性的政策与对策设计。(6)针对大型国有企业集团商业模式创新的需求和管理控制的复杂性,强调了治理转型在国有企业商业模式创新中的原动力作用,然后提出从产权和战略双视角来构建双匹配的治理机制,提出了符合国资特性的分层分类治理思路,从行业与管控模式两个维度实施大型多元化国有企业集团管理控制。

本书的章节如下述展开:

首先以战略管理控制视角研究国有企业资本投资效率提升问题为切入点,通过收集国有企业非效率投资影响因素的规范分析结论和经验证据,将问题的核心导向国有企业资本投资效率的有效战略管理控制机制。接下来,第二章从我国国有企业治理转型的发展历程出发,分析了影响国有企业资本投资效率的制度因素,总结了目前研究国有企业资本投资效率影响因素的主要视角,即治理观和战略管理观。第二章制度变迁与非产率投资观,构成了本书的理论基础。

作为国民经济支柱的国有企业资本投资效率是治理转型背景下深化国有企业产权制度改革的核心问题。国有产权作为政府拥有的最直接的利益品,政府作为国家的代理机构,其对国有企业资本投资效率上的影响作用不容忽视。第三章从转轨时期的政企关系出发,探析了政府干预的"支持"之手和"掠夺"行为如何影响国有资本的投资效率。在经济考核机制下,政府的社会性目标以及官员个人私利成为其干预国有企业的主要动因。大股东控股、政治关联则成为政府与国有企业建立联系、进行干预的主要路径。相比之下,政府补贴更是政府的一种直接经济行为,能够直接影响国有企业的财务状况和经营成果。在不同的情况下,政府补贴对国有企业的行为模式选择具有不同的影响。最后,我们从内部治理和外部机制两个角度分析缓解政府不恰当干预的方式。

政府干预究竟是一种中性的手段,还是对企业的"支持"或者"掠夺"?第四章以2007—2011年636家国有上市企业为样本,对政府干预与国有企业非效率投资情况进行更为细致的研究。通过政府层级、地区间差异以及企业政策性负担三个角度对政府干预的动机进行实证分析。与此同时,本章结合企业的投资机会,考察政府补贴这种直接经济干预手段的经济效果,将其加入实证模型。结果发现,政府干预的动机越大,国有企业的非效率投资程度越大。而政府补贴,一方面具有"支持"作用,可以缓解企业投资不足;另一方面在投资机会差的国有企业,拥有补贴的企业具有更为严重的投资过度。这不仅说明了政府的"支持之手",同时也为"掠夺之手"提供了更为充分的证据。

第五章以2011—2013年沪深两市附属于企业集团的国有上市公司为样本,从集团内部成员企业间现金流的"互动"、集团层面的多元化程度和集团成员企业的金字塔结构三方面探究集团模式运营对成员企业投资及投资效率的影响。研究发现:某一成员企业的投资水平与其自有现金流水平高度相关,但与其他成员企业的现金流水平相关性较弱;多元化程度与投资过度显著正相关,集团层面进行的多元化扩张加重了其成员企业的投资过度水平;金字塔层级与投资过度显著负相关,说明由企业集团层层控制而形成的金字塔层级可以抑制投资过度的发生;多元化水平和金字塔层级都对投资不足没有显著影响。从企业集团视角拓展投资效率影响因素的研究,丰富了新兴市场中企业集团的研究,并为深化国有企业改革提供了政策启示。

第六章利用2007—2011年我国国有上市公司财务报表及其附注中披露的信息,研究了国有企业中的管理层权力、在职消费及其与企业投资效率之间的关系。研究结果表明:管理层权力和在职消费正相关，管理层权力越大的国有企业中，在职消费水平显著更高；国有企业的管理层权力与投资过度正相关，而与投资不足负相关；区分企业控制权发现，中央企业管理者权力所导致的投资过度程度要低于其他国有企业，地方政府控制的国有企业的管理者权力所引起的投资过度程度则显著高于其他国有企业；国有企业中的在职消费与投资过度正相关；中央企业在职消费导致的投资过度程度要低于其他国有企业，而本章并未发现地方政府控制的国有企业的在职消费会引起更严重的投资过度。最后，进一步检验了在职消费与投资不足的关系，发现在职消费对于抑制投资不足程度具有一定的正面影响，在职消费的提高能够降低国有企业的投资不足程度，同时企业的自由现金流越高，在职消费越有助于降低企业的投资不足程度。

第七章从国有企业资本投资效率影响因素的两种主要观点出发，在考虑我国治理转型背景和国有企业特有的契约因素和管理缺陷的基础上，试图构建有效的国有企业资本投资的战略性管控机制，进而达到从战略规划上把握资本投资机会、从战略执行上提高投资收益水平和风险控制能力的目的。全面预算管理作为一种重要的现代企业管理手段，兼具计划、协调、控制、激励和评价等功能，已在我国国有企业中得到较为广泛的应用。中航国际在形式上也已经构建了较为完整的全面预算体系，但在实践中，全面预算管理仍然暴露出指标不够细化、执行缺乏指导性、预算评价体系不够健全等诸多问题，预算管理体系还有待进一步的完善。本章最后从中航国际集团预算的组织体系、预算的编制、预算的分析与控制、预算的考评四个方面入手，详细地分析了公司实施全面预算管理存在的主要问题以及应对措施，以期为提升国有企业集团预算管控功能提供一些有益的启发。

需要指出的是，随着研究的深入和国有企业改革的进一步推进，以及对治理转型视角下国有资本投资效率问题更深层次的理解，发现了更与时俱进的现实问题。2013年中央经济工作会议指出，商业模式创新是化解产能过剩的根本之一。因此，为了化解产能过剩、挖掘国有企业增长潜力与推动经济的可持续增长，创新商业模式成为新一轮大型国有企业改革的方向。而我国大型国有企业集团作为企业组织的高级发展形式，由于产权关系模糊、组织结构复杂、多元化经营甚至跨国经营的现状，制约着经营结构的调整，商业模式创新力明显不足。转型时期的国有企业虽然存在很多治理和管理缺陷，制约着改革之路的前进。与此同时，作为国民经济支柱的大型国有企业集团，是否能够"服务于国家战略目标"，通过治理转型推动商业模式创新以及经济转型成为当下需要解决的关键问题。对这一问题的进一步思考，其结果反映在第八章。

我们认为，商业模式创新成为新一轮国有企业改革的方向，治理转型是大型国有企业集团实现商业模式创新的重要路径。什么样的治理模式有助于大型国有企业集团的商业模式创新？如何权衡产权与战略的关系并厘清大型国有企业集团的治理思路？如何构建有效的管控模式以实现战略价值？为此，第八章首先分析了治理转型在国有企业商业模式创新中的原动力作用；其次，提出从产权和战略双视角来构建双匹配的治理机制，即不仅要从经营层面加强管控并创造价值，而且要从治理层面把握住适应经济形势变革的战略机遇和价值；再次，提出符合国资特性的分层分类治理思路，即对于集团或单个子公司采取分层治理，对于众多子、孙公司采取分类治理；最后，按照产权与战略的划分思路，对于多元化经营、多法人与多层次的企业集团，提出具体可行的思路，即在隐含的产权关系基础上，从行业与管控模式两个维度实施大型多元化国有企业集团管理控制。

特别是战略与治理的结合是大型国有企业集团提升投资效率的有效途径。以产权保护导向的治理结构理应满足战略的需要，但在现实中，战略可能受限于治理结构。企业战略是否适应治理结构的需要、企业管理控制模式是否与治理结构和战略相匹配，是大型国有企业集团价值创造与可持续发展的真正原因。因此，大型国有企业集团可在业务单元投资层面上追求股东价值和企业价值,在集团层面上构建战略价值。这样,通过建立一种产权和战略双匹配的治理机制,大型国有企业集团一方面可从经营层面加强管控并创造价值,另一方面可从治理层面把握住适应经济形势变革的战略机遇和价值。

本书的主要观点是:(1)由于国有企业特有的契约因素导致的资本投资效率低下是实现国有资本保值增值目标的"瓶颈",构建战略性的财务控制系统是使国有企业"突出主业,以利于提高核心竞争能力和可持续发展"的关键所在。(2)根据宏微观视角划分的控制主体为处于国有资本配置过程中的相关者界定了权责利益导向。发展改革委为国有资本投资提供了国有资本优化配置的战略目标导向,国资委为国有企业资本投资提供了投资监管和业绩考核。财政部为国有企业资本投资的相关人提供了行为导向和规范。国家发展改革委、国资委和财政部是给国有企业资本投资施加战略性财务控制的"施压方",国有企业自身是资本投资战略性财务控制的"主动方"。(3)资本投资控制具有战略性、平衡性与全程性的特点,必须从财务绩效、价值创造和公司战略的路径出发。战略性财务控制要处理的关系:从财务战略角度,管理增长;从价值创造角度,追求回报;从财务绩效角度,风险管理。(4)战略性财务控制模式应包括制度控制(属于规则控制)、预算控制(属于过程控制)、评价控制(属于目标控制)和激励控制(属于利益控制)。(5)为构建国有企业资本投资的战略性财务控制系统,必须站在战略的高度,因为公司战略决定资本投资决策的方向,资本投资是实现战略规划的根本途径,战略执行需要将战略转化为利益相关者公认的可操作性的企业价值创造层面,使企业组织流程与战略协同,将战略转化为系统的流程,并落实到资本投资项目实施的每一个环节(预算控制——属于过程控制),根据财务绩效考评(评价控制——属于目标控制,缺少过程控制)进行激励与约束(激励控制——属于利益控制)。(6)构建国有企业资本投资的战略性财务控制系统，应立足于中国国情，不能盲目照搬他国经验，并应建立系统的政策体系以确保其运作效率。

本书对上述问题进行了有益的思考和探索，从治理转型视角对国有企业非效率投资的战略性管控机制问题形成了初步研究成果和个人观点，其学术价值和社会影响还有待于进一步观察。真诚地期望读者提出宝贵的意见，以使国有企业非效率投资的战略性管控问题的研究得以进一步深入。

本书由大连市人民政府资助出版。

目 录

第一章 导论 … 1
    第一节 国有企业的非效率投资 … 1
    第二节 非效率投资的解释 … 4
    第三节 寻求国有企业资本投资效率提升 … 5
    第四节 结构安排 … 6

第二章 制度变迁与非效率投资观 … 9
    第一节 我国国有企业治理发展历程 … 9
    第二节 制度因素 … 20
    第三节 投资效率观 … 25

第三章 政府干预与国有企业资本投资效率 … 31
    第一节 国有企业非效率投资的现实根源：政企关系 … 33
    第二节 政府干预国有企业投资活动的现实根源 … 36
    第三节 政府干预国有企业投资行为的机制 … 40
    第四节 减缓政府干预国有企业投资的方式 … 44
    第五节 政府干预国有企业投资的其他影响因素 … 45

第四章 政府干预与国有企业非效率投资：支持还是掠夺 … 48
    第一节 政府干预动机与路径 … 49
    第二节 作用机理与后果 … 52

第三节　研究设计 …………………………………………… 56
　　第四节　实证检验 …………………………………………… 59
　　第五节　政府对国有企业投资效率影响的双面性 ………… 67

第五章　多元化、金字塔结构与投资效率 ………………………… 69
　　第一节　国有企业集团及其资本配置功能 ………………… 71
　　第二节　作用机理与后果 …………………………………… 79
　　第三节　研究设计 …………………………………………… 84
　　第四节　实证检验 …………………………………………… 89
　　第五节　集团经营模式对投资效率的影响 ………………… 97

第六章　管理层权力、在职消费和投资效率 …………………… 100
　　第一节　概述 ………………………………………………… 102
　　第二节　作用机理与后果 …………………………………… 105
　　第三节　研究设计 …………………………………………… 110
　　第四节　实证检验 …………………………………………… 116
　　第五节　在职消费究竟是自发矫正还是自利行为？ ……… 127

第七章　国有企业资本投资的战略性管控模式 ………………… 130
　　第一节　战略性管理控制模式的内涵界定 ………………… 130
　　第二节　管理控制层次、矛盾与战略方向 ………………… 131
　　第三节　战略性管控机制构成 ……………………………… 138
　　第四节　战略性管控主体及层次 …………………………… 140
　　第五节　战略性管控核心子系统构建 ……………………… 146
　　第六节　案例分析：CA国际集团多元化与全面预算
　　　　　　管控模式 …………………………………………… 153

第八章　商业模式创新与集团管理控制模式新思路 …………… 169
　　第一节　国有企业集团商业模式创新的原动力 …………… 170

第二节　产权与战略双重视角的集团治理 …………… 171
第三节　大型国有企业集团的异质性 ………………… 174
第四节　分类分层治理模式 …………………………… 176

参考文献 ……………………………………………… 179

第一章 导论

第一节 国有企业的非效率投资

改革开放以来,我国经济快速发展,投资作为拉动我国经济发展的"三驾马车"之一,其增长速度一直居高不下。根据国家统计局 2014 年 2 月发布的统计资料,2013 年全年全社会固定资产投资达到 447074 亿元,比上年增长 19.3%,占 GDP 的 72.13%,而且 2008—2012 年国有控股固定资产投资占全社会固定资产投资比重均在 33% 以上。以上数据说明,宏观领域存在"经济过热"现象,而这种"经济过热"与微观领域里的非效率投资行为密切相关,常见的企业投资过度或者投资不足这两种非效率投资行为,均会对我国经济的平稳发展造成极大损害。

随着国家"十二五"战略规划的逐步实施和公司治理机制中不同利益主体代理冲突的演化,作为国民经济支柱的国有企业资本投资效率问题成为治理转型背景下深化国有企业产权制度改革的核心问题。然而,国有企业长期以来以依靠投资带动增长,由多元化目标体系、预算软约束、经理任命机制以及刚性薪酬管制等多方面原因产生的投资大、效率低的"效率悖论"问题依然存在。目前,国有企业非效率投资主要反映在以下几个方面:

首先,重复建设。所谓重复建设是指对同样的基础设施或产业项目,在一定的区域范围内建设过多,超过市场需求的一种投资行为。2008年爆发的全球性金融危机导致外部需求骤减，经济增长速度下滑，国内产能过剩凸显，2009年9月30日，国家发展改革委等部门制定的《关于抑制行业产能过剩和重复建设引导产业健康发展的若干意见》（以下简称《意见》）中指出，不少领域产能过剩、重复建设问题仍很突出，甚至还有加剧的趋势。特别需要关注的是，不仅钢铁、水泥等产能过剩的传统产业仍在盲目扩张，风电设备、多晶硅等新兴产业也出现了重复建设倾向，以平板玻璃产业为例，2008年全国平板玻璃产能6.5亿重箱，产量5.74亿重箱，约占全球产量的50%。2009年上半年新投产13条生产线，新增产能4848万重箱。

针对这类现象，《意见》在淘汰落后、节能减排和市场准入等方面，对钢铁、水泥、平板玻璃、煤化工、多晶硅、风电设备和电解铝等行业，提出了明确的目标要求和政策措施。但是国家针对产能过剩和重复建设的制度设计有效吗？王力（2013）通过分析不同时期钢铁行业的数据，运用事件研究法测算了钢铁行业的超额产钢量，发现我国目前所实施的抑制产能过剩和重复建设的制度设计出发点可能是好的，但表现的效力欠佳甚至是无效的。一味地对目前经济过热中的投资进行数量上的限制在实施上阻力较大而且难以落实，如何淘汰落后产能、减少重复建设除了加大对制度的实施力度外还需要引入市场的力量。

其次，除了重复投资的现象存在，国有企业投资的投入产出比过低，单位产能的投资成本越来越大，项目建设实际投资大大超出概算，这种产出效益低下的状况也严重影响到国有资本的利用水平。《中国国有经济发展报告（2003—2010）》中指出，以工业产业为例，2003—2009年中国国有部门资产总额占比一直稳定在50%左右，虽然2010年有所下滑，但是仍然高达41.9%。然而，国有部门的产出占比与资本投入占比明显不匹配，产出占比从2003年的37.5%一路下滑至2010年的26.6%。

究其根源，国有企业生产效率低下而且不以市场为导向的投资是主因。加上国有企业存在制度性退出壁垒，在宏观经济不景气，市场需求出现萎缩、要求淘汰低效率的企业时，国有企业却"很难"退出，因而有一大批国有企业即便由于低效率发生亏损，也要继续留在市场当中。国有企业违反市场规则的行为会给国家造成巨大的经济损失，2008年国内三大石油公司总共亏损1680亿元，但是，中石化公司却以补贴的名义从国家财政收入中拿走503亿元。2011—2013年，中石油连续三年成为A股"补贴王"，分别获得补贴67.34亿元、94.06亿元、103.47亿元。当经济出现复苏时，国有企业凭借对基础性资源行业的垄断，以竞相提价的方式增加利润，从而引发通货膨胀，不利于物价稳定和经济复苏。

最后，部分国有企业为了追求短期利益，严重偏离企业的主业经营范围，由于其享有的政策和信贷优势，往往将巨额资金投入非主营业务之外，如炒股、投入楼市、投资金融衍生品、炒大宗商品，甚至委托中介公司理财进行投机。中央企业违规投机金融衍生品屡禁不止，2009年5月，国资委网站披露28家中央企业在做金融衍生品业务，而且以亏损居多。在房地产行业里自2009年以来，国资背景的企业明显占据重要地位，造就了一个又一个的中央企业"地王"。据中原地产统计，北京2009年国有企业在拍得的住宅地块中，国有企业拍得的土地楼面地价已经达到了6859.3元/平方米，相比民营企业的4324.6元/平方米也明显高出2534.7元/平方米。

国有企业能偏离主业进行具有投机性质的投资，很大程度上是由于国有企业具有来自银行及政府的资金优势，在融资的可得性和融资的便利程度上均优于民营企业。《2009年非公经济发展报告》显示，2009年短期贷款构成中，非国有部门占15.1%，个体私营企业仅为4.7%。国有企业往往享受更多利率优惠，融资成本更低。而国有企业却将大笔资金投入投机性的项目中，这种投资结构的不合理使国有企业资本未能合理利用，造成国有企业资本布局的失调。

应该认识到，由于国有企业的社会职能与经济职能的冲突，投资过度和投资不足现象在我国并存，投资效益低下是国有企业的普遍现象，治理机制未能有效地抑制非效率投资行为。因此，深化国有企业产权制度改革总体要求是必须"突出国有企业的资本属性，引导企业增强价值创造能力和风险控制能力"，"突出主业，有利于提高企业核心竞争能力"。从长远出发，无论是解决国有资产的宏观配置效率问题，还是解决国有企业资源的微观配置效率问题，都需要利用战略管理理论统揽国有企业资本投资控制的整个全局，并深入探究国有企业资本投资的战略性管理控制系统的构成及运行机制。否则，难以对如何提升国有企业资本投资效率问题做出科学合理的解析。

第二节 非效率投资的解释

由于投资者保护机制不完善和公司天然的股东—管理层代理冲突（Mayers and Majluf，1984；Jensen，1986），投资过度和投资不足现象在我国并存（童盼、陆正飞，2005），投资效益低下是国有上市公司的普遍现象（姜付秀等，2009），治理机制和抑制非效率投资行为的功能较弱（唐雪松、周晓苏和马如静，2007）。企业资本投资效率问题引起了越来越多的经济学家的关注。投资效率问题研究包括三个方面：一是宏观视角的经济资源是如何在不同地区、不同经济部门有效合理配置的；二是中观视角的基于投资者保护的治理机制是如何影响企业投资效率的；三是微观视角通过何种方式来提升投资效率。国外代表性的观点是：第一，契约观。詹森（Jensen，1986，1993）、Myers 和 Majuf（1984）开创并发展了"契约观"。作为一项重要的战略性决策，企业的资本投资既可能因为代理问题而导致投资不足（Holmstrong and Weiss，1985），也可能由于代理成本的存在引发投资过度（Aggarwal and Samwick，2006）。第二，控制权观。由于所有权和控制权性质差异所导致的现金流权和控制权分离，企业控股股东通过非效率目标的资本投资获取控性资源，攫取控制权收益（Demsetz，1985；Shleifer and Vishny，1997；Claessens et al.，2002）。

随着我国市场化进程和2000年以来的国有企业改革的推进，国内学者借鉴了国外的研究成果，发展了基于产权的"治理观"和开创了基于战略管理理论的提升资本投资效率的"战略管理观"。治理观认为，我国国有企业特有的产权缺陷、预算软约束、代理问题的存在，导致了非效率投资（张纯和吕伟，2009）和有损公司价值最大化（张功富和宋献中，2009）的经济后果。战略管理观认为，管控机制的缺陷导致国有资本整体配置和使用的低效，主张从战略出发，不仅仅局限于改变成本、收益和风险等变量，注重面向市场的计划和决策后的控制和评价问题，通过对管理控制关系的重新梳理，有利于战略资源控制和配置（汤谷良和王斌，2009），通过管控能力的提升谋求长远发展（汤谷良，2007）。

关于资本投资效率的广为接受的观点是建立在委托—代理理论基础上的产权理论，上述观点无疑为国有企业资本投资控制这一焦点议题奠定了重要基础。但是，这些文献对于我国治理转型背景、国有企业的契约内涵和管理缺陷把握不足，不能为资本投资效率提供一个完备的解释框架。从长远来看，无论是解决国有资产的宏观配置效率问题，还是解决微观配置效率问题，都需要利用战略管理理论统揽国有企业资本投资控制的全局，探索提高投资效率的有效途径，并深入探究国有企业资本投资的战略性管控系统的构成及运行机制。

第三节　寻求国有企业资本投资效率提升

理论上说，任何资本投资决策都要在提高投资收益水平和提高风险控制能力两大目标之间进行权衡和选择。通过对国内外投资效率问题研究的全面追踪与深入评析，将有助于从理论层面上沿着产权观（契约观、控制观）、治理观、战略管理观的理论脉络研究非效率投资的战略性管控机制的结构与过程。有效的国有企业资本投资管控机制必须立足于战略管理理论，充分考虑我国的治理转型背景和国有企业特有的契约因素和管理缺陷，协调管理当局与利益相关者之间的关系，从战略规划上把握资本投资机会，从战略执行上提高投资收益水平和风险控制能力。因此，国有企业非效率投资的战略性管控机制研究具有重要的理论价值。

从应用来看，随着国家"十二五"规划的逐步实施和公司治理机制中不同利益主体代理冲突的演化，作为国民经济支柱的国有企业资本投资效率问题成为治理转型背景下深化国有企业产权制度改革的核心问题。深化国有企业产权制度改革总体要求是必须"突出国有企业的资本属性，引导企业增强价值创造能力和风险控制能力"，"突出主业，有利于提高企业核心竞争能力"。对此，本书所要关注的核心问题是：治理转型经济中如何提高国有企业资本投资的效率，促进国有企业增强价值创造能力、风险控制能力和实现可持续增长？对这些问题的解决，符合国家"十二五"关于国有资本优化配置的战略导向和国资委关于投资监管、中央企业考核的政策取向，这正是本书的现实意义所在。

第四节 结构安排

本书通过对我国治理转型的制度背景、国有企业非效率投资的政府干预因素、集团化的国有企业特征、契约内涵和管理缺陷的全面而深入地把握，试图为资本投资效率提供一个完备的解释框架。

我们认为，立足于国有企业资本投资的战略价值，无论是解决国有资产的宏观配置效率问题，还是解决国有企业资源的微观配置效率问题，都需要结合我国治理转型的制度背景来分析非效率投资影响因素及其影响路径；需要运用制度理论和战略管理理论统揽国有企业资本投资控制的整个全局,并深入探究国有企业资本投资的战略性管理控制系统的构成及运行机制;需要将战略与治理结合起来,对如何提升国有企业资本投资效率问题做出科学合理的解析。

本书采用规范分析、大样本经验研究、调查研究相结合的方法。研究的主要内容和路线如图1-1所示。

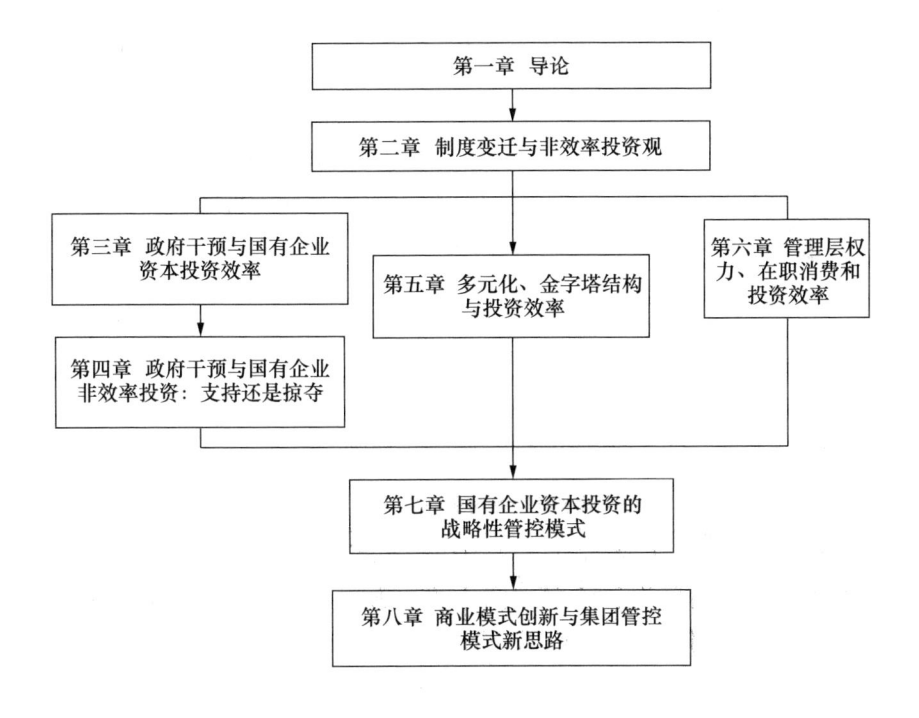

```
                    ┌──────────────────┐
                    │   第一章  导论    │
                    └────────┬─────────┘
                             ↓
                ┌────────────────────────┐
                │ 第二章 制度变迁与非效率投资观 │
                └────────────┬───────────┘
         ┌───────────────────┼───────────────────┐
         ↓                   ↓                   ↓
┌──────────────────┐ ┌──────────────────┐ ┌──────────────────┐
│第三章 政府干预与国有│ │第五章 多元化、金字塔│ │第六章 管理层权力、│
│  企业资本投资效率  │ │  结构与投资效率   │ │ 在职消费和投资效率│
└────────┬─────────┘ └──────────────────┘ └──────────────────┘
         ↓
┌──────────────────┐
│第四章 政府干预与国有│
│企业非效率投资:支持│
│     还是掠夺      │
└──────────────────┘
                             ↓
                ┌────────────────────────┐
                │第七章 国有企业资本投资的 │
                │    战略性管控模式       │
                └────────────┬───────────┘
                             ↓
                ┌────────────────────────┐
                │第八章 商业模式创新与集团│
                │     管控模式新思路      │
                └────────────────────────┘
```

图1-1 结构框架

本书先以战略管控视角研究国有企业资本投资效率提升问题为切入点,通过收集国有企业非效率投资影响因素的规范分析结论和经验证据,将问题的核心导向国有企业资本投资效率的有效战略管控机制。

其次,第二章从我国国有企业治理转型的发展历程出发,分析了影响国有企业资本投资效率的制度因素,总结了目前研究国有企业资本投资效率影响因素的主要视角,即治理观和战略管理观。

第三章从转轨时期的政企关系出发，探析了政府干预的"支持"之手和"掠夺"行为如何影响国有资本的投资效率。

第四章以2007—2011年636家国有上市企业为样本，对政府干预究竟是一种中性的手段，还是对企业的"支持"或者"掠夺"，获得了经验证据。

第五章以2011—2013年沪深两市的附属于企业集团的国有上市公司为样本，从集团内部成员企业间现金流的"互动"、集团层面的多元化程度、集团成员企业的金字塔结构三方面探究集团模式运营对成员企业投资及投资效率的影响。

第六章利用2007—2011年我国国有上市公司财务报表及其附注中披露的信息，研究了国有企业中的管理层权力、在职消费及其与企业投资效率之间的关系。

第七章从国有企业资本投资效率影响因素的两种主要观点出发，在考虑我国治理转型背景和国有企业特有的契约因素和管理缺陷的基础上，试图构建有效的国有企业资本投资的战略性管控机制，进而达到从战略规划上把握资本投资机会、从战略执行上提高投资收益水平和风险控制能力的目的。以中航国际为例，研究大型集团多元化企业在全面预算管理中可能存在的问题，并提出完善中航国际全面预算管理体系的措施与建议。

第八章通过分析治理转型在国有企业商业模式创新中的原动力作用，提出从产权和战略双视角来构建双匹配的治理机制和符合国资特性的分层分类治理思路，最后提出按照产权与战略的划分思路，对于多元化经营、多法人与多层次的企业集团，提出具体可行的思路，即在隐含的产权关系基础上，从行业与管控模式两个维度实施大型多元化国有企业集团管理控制。

第二章　制度变迁与非效率投资观

第一节　我国国有企业治理发展历程

作为中国改革和发展的主导者，政府首先通过强迫性机制，随后又通过对规范化机制予以合法性界定的过程，塑造制度环境。因此，政府是制度环境的设计者和激励者，国有企业则是制度环境的适应者和遵循者。

我国国有企业的治理深受我国特殊的政治、经济等因素的影响（韩克勇，2012），国有企业治理的发展内生于经济制度的变迁（李维安、邱艾超，2010），国有企业改革的进程及相应企业制度的变迁推动着国有企业治理的发展。我国国有企业治理从1978年改革开放开始，延续至今天，经历了"放权让利""利改税""承包制""股份制改造和集团化""现代企业制度"等一系列转变（罗仲伟，2009；刘媛媛、马建利，2013），取得了显著的成果和进步。

国有企业治理的发展历程，大致可分为三个阶段（见图2-1）。

一　1978—1992年：放权让利

1978年党的十一届三中全会开启了中国的改革之路。我国国有企业亦乘着这股改革之风，开始变革。这一阶段主要是政府为赋予国有企业更多的自主经营权进行了一系列尝试，如表2-1所示。

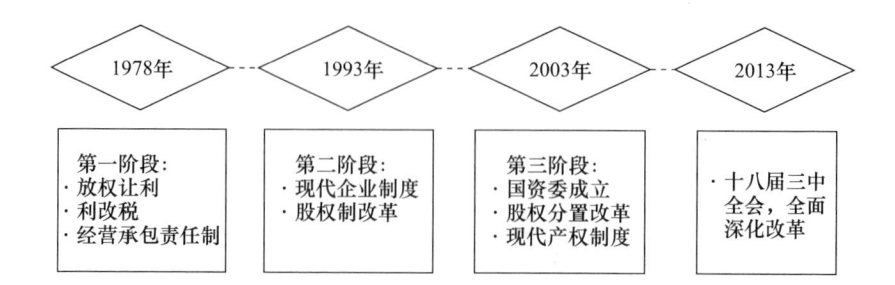

```
┌─────────┐     ┌─────────┐     ┌─────────┐     ┌─────────┐
│ 1978年  │-----│ 1993年  │-----│ 2003年  │-----│ 2013年  │
└────┬────┘     └────┬────┘     └────┬────┘     └────┬────┘
┌─────────┐     ┌─────────┐     ┌─────────┐     ┌─────────┐
│第一阶段：│     │第二阶段：│     │第三阶段：│     │·十八届三中│
│·放权让利 │     │·现代企业 │     │·国资委成立│    │ 全会，全面│
│·利改税   │     │ 制度     │     │·股权分置 │     │ 深化改革 │
│·经营承包 │     │·股权制   │     │ 改革     │     │          │
│ 责任制   │     │ 改革     │     │·现代产权 │     │          │
│          │     │          │     │ 制度     │     │          │
└─────────┘     └─────────┘     └─────────┘     └─────────┘
```

图 2-1　国有企业治理发展历程

表 2-1　国有企业治理发展第一阶段大事记

时间	事件
1978 年	以四川省为首，国家陆续选择一些企业实行扩大企业自主权试点，通过为企业设定利润指标，允许企业在完成年终指标之后留存少量利润用于企业经营，从而赋予企业一定的自主决策的权利。国有企业改革的序幕自此拉开
1979 年	根据试点企业成功的经验总结，国务院正式发布了《关于扩大国营工业企业经营管理自主权的若干规定》《关于国营企业实行利润留成的规定》及其他 3 个文件，并向全国推广，"放权让利"改革举措正式确立（吴敬琏、黄少卿，2008）
1983—1984 年	国家对国有企业实行两步"利改税"改革，即将企业向国家上缴利润转变为按固定税率缴纳税款，税后利润由企业自行安排，使国家与企业的利润分配关系固定下来，企业的经营自主权得以扩大
1986 年	受农村家庭联产承包责任制成功实施的启发，国务院提出要在国有企业"推行多种形式的经济承包责任制，给经营者以充分的经营自主权"，于是，经营承包责任制在全国范围内如火如荼地推行开来，绝大多数国有企业都实行了经营承包责任制
1988 年	国务院颁发《全民所有制工业企业法》，明确界定全民所有制企业是自主经营、自负盈亏、独立核算的经营单位并赋予其相应的权利和义务
1992 年	国务院再颁发《全民所有制工业企业转换经营机制暂行条例》（国务院第 103 号令），赋予企业 14 项自主经营权，进一步明确了企业拥有的权利

注：其他 3 个文件是《关于提高国营工业企业固定资产折旧率和改进折旧费使用办法的暂行规定》《关于开征国营工业企业固定资产税的暂行规定》和《关于国营工业企业实行流动资金全额信贷的暂行规定》。

在国家一系列"放权让利"的改革举措中，国有企业获得了一定的自主经营权。从1978年开始，以四川省为首，国家陆续选择一些企业实行扩大企业自主权试点，通过为企业设定利润指标，允许企业在完成年终指标之后留存少量利润用于企业经营，从而赋予企业一定的自主决策的权利。从此便拉开了国有企业改革的序幕。之后，根据试点企业成功的经验总结，国务院正式发布了《关于扩大国营工业企业经营管理自主权的若干规定》（国发〔1970〕175号）、《关于国营企业实行利润留成的规定》等5个文件[①]，并向全国推广，"放权让利"改革举措正式确立（吴敬琏、黄少卿，2008）。1983—1984年，国家对国有企业实行两步"利改税"改革，即将企业向国家上缴利润转变为按固定税率缴纳税款，税后利润由企业自行安排，使国家与企业的利润分配关系固定下来，进一步扩大了企业的经营自主权。1986年，受农村家庭联产承包责任制成功实施的启发，国务院提出，要在国有企业"推行多种形式的经济承包责任制，给经营者以充分的经营自主权"，于是，经营承包责任制在全国范围内如火如荼地推行开来，绝大多数国有企业都实行了经营承包责任制。1988年4月，国务院发布《全民所有制工业企业法》，明确赋予企业13项经营自主权。1992年，国务院再发布《全民所有制工业企业转换经营机制暂行条例》（国务院第103号令），将13项自主权细化为14项。

在国家"放权让利"的改革举措中，国有企业获得了一定的自主经营权。在经营管理上，由政府全权管理逐步转变为政府直接管理与企业适度自主经营相结合（李维安、邱艾超，2010）；在内部体制上，由党委会负责制逐步演变为厂长（经理）负责制（韩克勇，2012）。国有企业开始实现所有权与经营权相分离，自主经营

[①] 这5个文件是《关于扩大国营工业企业经营管理自主权的若干规定》《关于国营企业实行利润留成的规定》《关于提高国营工业企业固定资产折旧率和改进折旧费使用办法的暂行规定》《关于开征国营工业企业固定资产税的暂行规定》和《关于国营工业企业实行流动资金全额信贷的暂行规定》。

权的扩大极大地调动了员工的积极性，增加了企业的活力（罗仲伟，2009）。但是，这一改革方法没有触及国有企业的制度性缺陷，对于产权问题避而不谈，无法从根本上解决国有企业存在的问题，因此操作过程中许多问题暴露了出来。一方面，权力的增加导致了权力的"滥用"，企业管理层在获得了权力之后，出现"失控"，许多企业盲目扩张，不仅没能提高企业绩效，反而导致经营恶化。更有某些管理层企图掌控企业，"内部人控制问题"十分严重，导致大量国有资产流失。另一方面，小规模的放权让利不足以改变政府掌控国有企业、政企不分的现状，政府干预严重。因此，国家设想的国有企业"自主经营""自负盈亏"的目标并没有实现，企业只能负盈不能负亏（吴敬琏、黄少卿，2008）。

二 1993—2002 年：现代企业制度

这一阶段主要事件可用表 2-2 来展示。

表 2-2　　　　　　　国有企业治理发展第二阶段大事记

时间	文件名	内容	意义
1993 年	《关于建立社会主义市场经济体制若干问题的决定》	该文件在十四届三中全会上通过，将国有企业改革的方向定位于建立现代企业制度，要求在国有企业中建立适应市场经济要求，产权清晰、权责明确、政企分开、管理科学的现代企业制度	这是一个实现从旧体制向新体制过渡的战略决策，具有重大历史意义，也标志着国有企业改革进入新阶段
1993 年	《中华人民共和国公司法》	为国有企业建立规范的现代企业制度提供指导	标志着国有企业改革由放权让利向制度创新转变
1994 年	—	为响应十四届三中全会号召，国家、各地区、各部门纷纷选择一些国有企业作为试点尝试建立现代企业制度（陈佳贵等，2008）	取得了重大进展

续表

时间	文件名	内容	意义
1994年	《股份有限公司国有股权管理暂行办法》	专门针对国有企业规定了国有股持股单位、股权行使方式、国有股权权的收入、增购、转让、转让收入的管理以及对国有股权的监督和违法行为的制裁等	—
1997年	—	十五大提出要加快推进国有企业改革,进一步明确了国有企业改革的方向,并强调要"抓大放小",对国有企业实施战略性改组	这一时期,一大批国有大中型企业经过资产重组在资本市场上市,现代企业制度初步建立（黄速建、余菁,2008）
1999年	《中共中央关于国有企业改革和发展若干重大问题的决定》	十五届四中全会审议通过,提倡大力推进股份制改革,建立健全法人治理结构,对国有大中型企业实施规范的公司制改革	—
2002年	《企业公司制改建有关国有资本管理与财务处理的暂行规定》	规范企业在公司制改革中有关国有资本与财务处理的行为	—
2002年	《国有大中型企业主辅分离、辅业改制、分流安置富余人员的实施办法》	针对国有大中型企业实施主辅分离、辅业改制等措施	减轻了国有企业的政策性负担

1993年,党的十四届三中全会通过了《关于建立社会主义市场经济体制若干问题的决定》,把建立现代企业制度作为国有企业改革的方向,要求在国有企业中建立适应市场经济要求、产权清晰、权责明确、政企分开、管理科学的现代企业制度。这是一个实现从旧体制向新体制过渡的战略决策,具有重大历史意义,也标志着国有企业改革进入新阶段。

随后,《公司法》颁布,为国有企业建立规范的现代企业制度提供指导,标志着国有企业改革由放权让利向制度创新转变。为响应十四届三中全会号召,国家、各地区、各部门纷纷选择一些国有企业进行建立现代企业制度的试点,并取得了重大进展(陈佳贵等,2008)。1994 年,国家国有资产管理局、国家经济体制改革委员会印发了《股份有限公司国有股权管理暂行办法》,专门针对国有企业规定了国有股持股单位、股权行使方式、国有股股权的收入、增购、转让、转让收入的管理以及对国有股权的监督和违法行为的制裁等。1997 年,党的十五大提出,要加快推进国有企业改革,进一步明确了国有企业改革的方向,并强调要"抓大放小",对国有企业实施战略性改组。这一时期,一大批国有大中型企业经过资产重组在资本市场上市,现代企业制度初步建立(黄速建、余菁,2008)。1999 年,中共十五届四中全会审议通过了《中共中央关于国有企业改革和发展若干重大问题的决定》,提倡大力推进股份制改革,建立健全法人治理结构,对国有大中型企业实施规范的公司制改革。并且,为规范企业在公司制改革中有关国有资本与财务处理的行为,2002 年,财政部制定了《企业公司制改建有关国有资本管理与财务处理的暂行规定》(财企〔2002〕313 号)。另外,国家还针对国有大中型企业实施了主辅分离、辅业改制、分离企业办社会等措施,减轻了其政策性负担(罗仲伟,2009)。

在这一阶段虽然大多国有企业完成了公司制改造,建立起了形式上规范的现代企业制度,但"形似神非",真正体现市场经济内涵的运作机制远没有形成(李维安,2001)。国有企业一方面仍然受到较多的政府干预;另一方面因为治理机制尚不完善,对经理人员缺乏有效的监督与制衡,使内部人控制问题更加严重。国有企业亏损严重,国有资产大量流失。而且,尽管国有中小型企业在"抓大放小"思路指导下,通过租赁、承包等方式率先实行产权多元化改革,但这并不妨碍国有资产的持续扩张,随着国有企业规模的扩大,现存国有企业的产权归属问题依然没有厘清,国有企业由来已久的制度性缺陷问题依然没有得到有效解决。

三 2003—2012年：股权分置改革

从2003年开始，国有企业治理改革进入发展迅速、成效显著的一段时期。这一时期，党中央致力于深化国有企业改革，优化国有经济结构，增强国有经济活力，国家、各相关部门及企业都做出了很多努力，国有企业治理水平得到很大提高。

（一）国资委的成立

2003年，专门管理国有企业的机构——国务院国有资产监督管理委员会（即国资委）成立，标志着国有企业治理进入新阶段（韩克勇，2012）。国资委在国务院授权下，代表国家履行出资人职责，监管国有企业的运营状况。成立国资委，是针对政企关系进行的创新尝试（李毅中，2003）。国资委自成立之日起，即针对国有企业改制中出现的问题逐一进行解决和规范，颁布了一系列政策文件，涉及股权分置改革、国有资产监管、中央企业投资行为、内部公司治理、员工业绩考核等诸多方面。例如，2003年，国资委发布了《关于规范国有企业改制工作的意见》（国办发〔2003〕96号），对国有企业改制中的批准、产权交易管理、国有产权转让定价、监督以及责任追究等一系列问题做出了详细的规定，以规范国有企业改制过程中的诸多问题；2004年，为加强中央企业内部监督和风险控制，规范企业内部审计工作，国资委发布了《中央企业内部审计管理暂行办法》（国资委令〔2004〕第8号），要求中央企业内部需建立独立的内部审计机构，并规定了审计工作的职责、审计工作程序等问题；为规范企业国有资产评估行为，维护国有资产出资人合法权益，促进企业国有产权有序流转，防止国有资产流失，国资委于2005年和2006年又分别公布了《企业国有资产评估管理暂行办法》（国资委令第12号）、《关于加强企业国有资产评估管理工作有关问题的通知》（国资委产权〔2006〕274号）；2005年，国资委发布了《中央企业负责人薪酬管理暂行办法》（国资发分配〔2004〕227号），明确了中央企业负责人薪酬的构成以及薪酬管理与监督等问题,旨在建立有效的中央企业负责人激励与约束机制,完善中央企业业绩考核体系,之后国资委又陆续发布了一系列法规,逐步完善中央企业的业绩考核机制。国资委为推动国有企业改制做出了巨大的贡献,是推动我国国有企业治理发展的中坚力量。

(二)建立现代产权制度

在为国有企业治理改革做出了诸多尝试和努力之后,面对国有企业出现的问题和矛盾,我国逐渐意识到产权问题的重要性。产权问题是我国国有企业的根本制度缺陷所在(罗仲伟,2009)。于是,2003年,中共十六届三中全会提出现代产权制度是构建现代企业制度的重要基础,要求建立归属清晰、权责明确、保护严格、流转顺畅的现代产权制度。之后,财政部、国资委等部门为了建立现代产权制度,规范国有企业产权转让操作过程,保障企业国有产权有序流动,防止国有资产流失,发布了许多文件,如2003年财政部、国资委《企业国有产权转让管理暂行办法》(国资委令〔2003〕3号)、2004年国资委《关于企业国有产权转让有关问题的通知》(国资发产权〔2004〕268号)、2004年国资委《关于中央企业加强产权管理工作的意见》(国资发产权〔2004〕180号)、2009年国资委《企业国有产权交易操作规则》(国资发产权〔2009〕120号),等等。

(三)股权分置改革

在国有企业股份制改造过程中,为了在证券市场筹集资金又不损害国有股的控股权,我国采取增量发行股票的方式,使原有股票变成了非流通股,不能公开交易,造成了股权分置的局面。两种股权存在利益冲突,割裂了公司股权结构,制约了企业治理机制的完善(肖瑞婷,2006)。针对上市公司中存在的股权分置的弊端,2005年,中国证监会、国资委、财政部、中国人民银行、商务部联合发布《关于上市公司股权分置改革的指导意见》(证监发〔2005〕80号)。同时,针对股权分置改革中的国有股股权,国资委分别发布了《关于上市公司股权分置改革中国有股股权管理有关问题的通知》(国资产权〔2005〕246号)和《关于上市公司股权分置改革中国有股股权管理审核程序有关事项的通知》(国资厅发产权〔2005〕39号),用以指导股权分置改革中有关国有股股权的改革问题。同年,国资委又发布了《国有控股上市公司股权分置改革的指导意见》,对国有控股上市公司中进行的股权分置改革进行指导。股权分置改革对于促进证券市场发展和完善上市公司治理结构贡献巨大,具有里程碑式的意义。

(四) 其他

2003年,财政部发布的《关于国有企业认定问题有关意见的函》(财企函〔2003〕9号)从资本构成和控制力两个方面对国有企业进行了较为全面的界定。2004年,国务院发布了《关于投资体制改革的决定》(国发〔2004〕20号),其中特别强调了国有企业投资体制改革的要点:国有和国有控股企业应按照国有资产管理体制改革和现代企业制度的要求,建立和完善国有资产出资人制度、投资风险约束机制、科学民主的投资决策制度和重大投资责任追究制度。2005年,新《公司法》增加了股东大会权利、强化了监事会的监督职能、削弱了国有企业的决策权,并对上市公司治理结构作了专门规定,极大地完善了公司的治理结构与机制、促进了公司治理的发展(李维安、郝臣,2006)。此外,国家还出台了许多法规政策,以强化国有企业治理的制度层面建设,如2001年《独立董事制度指导意见》(证监发〔2001〕102号)、2002年《中国上市公司治理准则》(证监发〔2002〕1号)、2005年新《证券法》以及2005年《关于提高上市公司质量的意见》(国发〔2005〕34号)等。

截至2012年,新一轮国有企业治理改革已走过十余年,这一期间,国有企业治理从理论层面落实到具体操作层面,国家制定了许多切实可行的规则,解决了国有企业治理中存在的许多问题,治理机制渐趋完善,国有企业治理水平得到了大幅提升。但是,面对国有企业的"痼疾",却收效甚微。这些规则虽然触及了国有企业由来已久的根本制度缺陷,但是,在治理实践中发挥的作用并不理想。国有企业产权没有达到归属清晰、权责明确、保护严格、流转顺畅的要求，政府干预、内部人控制、所有者虚位等问题依然存在，严重制约了国有企业治理的进一步发展。

四 2013年至今：治理转型

由前所述，国有企业治理转型主要完成了治理体制、政企关系、企业组织形式、经营目标和经营管理风格五个方面的转型（见表2-3）。

表2-3　　　　　　　　国有企业治理转型方向

	转型方向
治理体制	行政型──→经济型
政企关系	政企不分──→政企分开
企业组织形式	非公司制──→公司制
经营目标	政治目标──→盈利目标
经营管理风格	行政化──→市场化

（一）治理体制转型，即从行政型治理到经济型治理

如李维安、郝臣（2009）所述，纵观国有企业治理改革30多年来，可以发现国有企业走的是一条从自上而下的"行政型治理"向自下而上的"经济型治理"逐步转变的转型之路，即从政企不分、所有权与经营权高度统一、政府直接管理逐渐向政企分开、所有权与经营权分离、内部管理与外部监督协同治理转变的道路，具有渐进性（罗仲伟，2009）。但是，由于我国特有的制度性缺陷，这种转型尚未完成，在国有企业"经济型治理"的形式下仍然存在着"行政型治理"的本质，"经济型治理"与"行政型治理"并存，国有企业治理表现出"双重性"特征（李维安、邱艾超，2010）。现阶段我国仍然处于转型时期。转型时期的国有企业仍存在很多管理缺陷，制约着改革之路的前进。

（二）政企关系转型，即从政企不分到政企分开

起初，国有企业完全在政府的管控之下，人员任免、经营管理等完全由政府决定，政企不分。通过治理转型，企业获得自主权，

可以自主经营、自负盈亏，逐步与政府分开。

（三）企业组织形式转型，即公司制的建立

公司制企业以市场经济为背景，以法人财产制度为核心，具有产权清晰、权责明确、管理科学等特点，是现代企业制度的一种典型组织形式。国有企业公司制改造有利于实现政企分开，并与市场化改革目标高度一致，是国有企业治理转型进程中一个重大的转折点。

（四）经营目标的转型，即从政治目标到盈利目标

在政府干预的作用下，国有企业在经营中承载了较大的政治性负担及社会性负担，如就业、税收、GDP、官员晋升，等等，使国有企业的经营目标常常偏离利润最大化。通过治理转型，国有企业逐渐摆脱了政治负担及社会负担，以营利为主要目的，实现了经营目标的转变。

（五）经营管理转型，即从行政化到市场化

国有企业管理体制的行政化表现在企业的重大经营管理决策及投融资决策由政府决定、高管人员由政府任命等诸多方面。与之相对应，管理体制的市场化主要表现为企业的重大经营管理决策及投融资决策由企业根据自身发展自主决定，高管人员通过公平竞争由企业自主选拔。实现管理体制从行政化到市场化的转变既是国有企业治理转型的一项重要任务，也是一项重要成果。

2013年开始，国有企业治理转型面临新形势，我们归纳出的关键词是"治理转型""混合所有制"与"商业模式创新"。

2013年，党的十八届三中全会的召开标志着国有企业治理又进入了一个全新的阶段。会议通过了《中共中央关于全面深化改革若干重大问题的决定》，将"推进国家治理体系和治理能力现代化"纳入全面深化改革的总目标，反映了党和国家对治理理念的认可和重视，是改革实践中的又一重大创新（李维安，2013），预示第二轮深化国有企业改革的高潮到来。全面深化改革以经济体制改革为重点，而国有企业改革是经济领域改革的重点。会议提出要完善产

权保护制度，推动国有企业完善现代企业制度，实行政企分开，充分发挥市场的作用，禁止不正当的政府干预，并健全法人治理结构。这一系列举措矛头直指国有企业的制度性缺陷，以期解决国有企业长期以来的"痼疾"，反映出新一届领导人治理国有企业的决心。另外，《决定》创新地提出"混合所有制经济""国有资本"理念（刘胜军，2013），希望通过发展混合所有制经济、组建国有资本公司等创新路径继续推进国有企业治理改革。党的十八届三中全会积极响应人们改革的呼声，为全面深化改革做出了战略部署，获得了很多的肯定，也被寄予了很高的期望。

党的十八大报告至少有四个地方提到商业模式创新，2012年12月中央经济工作会议讲到2013年六大任务中第三大任务也提到商业模式创新，2013年十八届三中全会讲到深化体制改革时，也提到了创新商业模式，并提到商业模式创新是化解产能过剩的根本办法之一。另外，从业界来看，2010年，大概48.89%的新兴企业家认为技术是最重要的因素，而2011年调查的50%以上的企业家认为商业模式是最重要的因素。现阶段我国经济正处于转型时期。转型时期的国有企业存在很多治理和管理缺陷，制约着改革之路的前进。与此同时，作为国民经济支柱的大型国有企业集团，是否能够"服务于国家战略目标"，通过治理转型推动商业模式创新以及经济转型成为当下需要解决的关键问题。

第二节 制度因素

一 管理体制的"行政化"

虽然我国国有企业治理改革一直致力于实现政企分开，让国有企业在市场机制中"自由"发展，但处于转轨时期的国有企业尚未实现这一目标，国有企业依然由政府控制，国有股"一股独大"，国有企业的管理体制具有浓厚的行政性色彩。

此外，政府干预还有"支持之手"的作用，它也可以为国有企业提供更多的资源支持和"特殊保护"，以提高其竞争能力，维护其垄断地位（刘媛媛、马建利，2013）。它也可以在一定程度上制约"内部人控制"对企业投资行为的不利影响（钟海燕、冉茂盛、文守逊，2010）。在我国法律制度尚未完善的情况下，在公司治理机制中引入政府干预或许是一种次优选择（曹春方，2013）。

我国国有企业与政府之间的特殊性决定了国有企业复杂的经营环境和目标的多重性（Huang, Li et al., 2010），政府"干预之手"几乎触及国有企业经营的各个方面。第一，国有企业在政府的"帮助"下掌握着能源、电信、交通、石油、化工等关键行业，其垄断地位不可动摇，最终使得这些关键产业牢牢掌握在政府手中，为国家的宏观调控和战略规划服务，使国有企业在很大程度上脱离于市场机制。作为监管国有企业的专职机构国资委，传达的也多是行政指令，代表的是政府的意愿（吴凡、卢阳春，2010）。第二，政府也干预国有企业的经营活动。国有企业的重大经营管理决策以及投融资决策一般都要经过政府审查批准，国有企业的运营要服务于国家的宏观政策和战略规划，而且政府会把税收、GDP、个人晋升等政治目标强加于国有企业（刘媛媛、马建利，2013），使国有企业经营目标趋于行政化和多元化。第三，政府还干预国有企业高管的任免。国有企业的高管并非通过公平竞争选拔，而是由政府直接任命，甚至很多高管兼有政府官员的身份；同时政府也掌握着国有企业高管的罢免权。高管任免的行政化，必然意味着国有企业的经营无法摆脱政府的干预。

政府干预国有企业投资活动的目标有两个：一是政治及社会性目标；二是官员晋升等个人私利。一方面，政府通过国有企业的投资活动来履行其社会职能，将公共治理目标，如就业、税收、GDP等内化于企业经营决策之中，尤其是投资决策中，造成公司投资决策目标多元化，促使企业进行超规模投资（钟海燕、冉茂盛、文守逊，2010）。国有企业规模的扩大，既能够增加更多的产出，创造更多的税收，同时又提供了更多的空缺岗位，这就满足了政府"经济参与人"的经济利益（张洪辉、王宗军，2010）。另一方面，中央对地方政府的政绩考核需要综合考虑经济发展、社会稳定、充分就业、环境保护等多方面因素（谭燕、陈艳艳等，2011）。然而这些目标并不容易量化，只能通过 GDP、财政收入等经济指标与就业情况作为地方政府业绩及官员晋升的考核标准。这样，既加大了地方政府加快发展本地经济的动力，同时经济绩效考核机制又使地方政府之间展开了"政治锦标赛"（周黎安，2004），从而满足了各级政府的"政治参与人"的目标（张洪辉、王宗军，2010）。除晋升目标之外，政府官员腐败或者与企业经理合谋"寻租"，也会扭曲企业的投资决策机制，影响企业的投资效率（艾健明，2008）。因此，官员晋升等个人私利也是政府干预企业投资活动的主要动机。这就是所谓的政府干预企业投资活动的"掠夺之手"假说。

二 所有者缺位与内部人控制

我国国有企业的真正所有者是全体人民，由于全体人民不具有人格化，无法充当产权的代表，行使支配权和收益权，只能由政府代行所有人职责，便形成了所有者缺位的状况（魏明海、柳建华，2007）。但是，为使国有企业更具竞争优势和盈利能力，政府必须减少干预、下放企业控制权，让市场机制发挥作用，这正是我国国有企业改革的方向。处于转型期的我国国有企业，在减少了政府干预的同时，使国有企业管理层的权力增大。在没有真正所有者对管理层进行有效监管的情况下，管理层掌握控制权、成了真正掌控国有企业的人。国有企业所有者的缺位导致了严重的"内部人控制"问题（张功富、宋献中，2009）。

由于特殊的制度背景和产权缺陷，我国国有企业面临着更为严重的代理问题，即包括控股股东与中小股东代理冲突以及股东与管理层代理冲突的双重代理问题，代理成本高昂。我国国有企业产权属于全民所有，政府是国有产权代理人，同时又是国有资产管理人，在国有企业改革方向指引下，政府一方面设国资委代为履行出资人职责，监管国有资产；另一方面引入非国有股东并雇用管理层管理企业，这种复杂的制度安排使我国国有企业产生了产权关系的模糊和所有者缺位问题。所有者缺位和产权关系的不清晰，使各契约方的权利义务关系不明确，契约关系得不到有效的维护，限制契约治理作用的发挥。从债务契约来看，国有银行作为债权人，而其本身也是国有控股的，债权与债务双方的权利义务关系不明确，国有银行维护债务契约权利的动机不足，债务契约的治理效应降低。从股权契约来看，所有者的缺位使得控股股东得以侵占中小股东利益。

作为内部人的管理层在个人私利最大化目标的驱使下管理企业，使得企业的经营决策严重偏离企业价值最大化目标。而左右企业的投资决策尤其成为内部人获取个人私利的绝佳手段。管理层可能出于建造"企业帝国"、增加在职消费等目的而进行投资过度，也可能出于规避风险、增加闲暇时间等目的而投资不足。投资过度与投资不足都是非效率投资，不仅有损于企业价值最大化目标的实现，也可能导致国有资产流失，不利于国有资本的保值增值。

三 管理层激励约束机制不健全

为了解决委托—代理问题，防止经营者背离股东目标，必须设置恰当的激励约束机制以激励管理层。但由于我国特殊的制度背景，国有企业管理层的激励约束机制一直不健全。从管理层报酬契约来看，国有企业高管的"官员身份"使得其经济人的地位无法独立出来，不健全的激励约束机制和管理层的机会主义行为导致了管理层会因其私利动机做出有损于企业价值最大化的决策。

一方面，我国国有企业的高管大多由政府直接任命，其任免在一定程度上脱离了企业的经营绩效，因而没有足够的动力去管理企业经营、提高企业绩效。更有甚者，行政任命的高管可能并不具备管理企业所必需的知识和能力（惠碧仙，1996）。另外，虽然2006年，国资委、财政部特别就国有控股上市公司境外、境内实施股权激励联合发布了《国有控股上市公司（境外）实施股权激励试行办法》和《国有控股上市公司（境内）实施股权激励试行办法》，但由于缺乏具体的指导和监督，股权激励制度未能成功施行，我国国有企业对高管的激励依然以金钱、物质奖励为主（韩克勇，2012），缺少与经营业绩相关的长期的期权或股权奖励，使高管表现出短视行为，只注重短期业绩，而忽视企业的长期发展，必然导致国有企业运营效率低下。

另一方面，管理层掌握着国有企业的经营权，了解企业的全部信息，由于信息不对称以及其他条件的限制，外界（如市场、政府、监管部门、审计师等）很难做到全面监督，对管理层的约束力较小。而国有企业内部的董事会由于不是国有企业真正的"所有者"，缺乏严格监督管理层的动力，而且我国国有企业的董事会成员和管理层成员存在一定程度的重合（吴凡、卢阳春，2010），他们很可能会合谋（苏华、张莉琴，2007），达成利益共同体，共同导致内部人控制。组成了我国特殊的"双重监督机制"（李维安，2013）的监事会与独立董事，往往没有实权，不能对管理层形成有效的监督与制约。监事会成员来自股东代表和职工代表，他们的权力有限，并可能在薪酬方面受制于管理层，无法实施有效监督；独立董事则大多数来源于科研、教学机构，不参与企业的经营活动，实际中他们经常以顾问的形象出现，对管理层行为不具有约束力。

四 预算软约束与预算管理不到位

虽然我国很早就开始了实施全面预算管理的探索（1999年《关于国有大中型企业建立现代企业制度和加强企业管理的规范意见》），但国有企业的制度背景及其承担的政策性负担决定了当国有企业发生亏损时，政府就会通过增加银行贷款、提供财政补贴等手段帮助国有企业解困，即国有企业面临严重的"预算软约束"问题（林毅夫、刘明兴、章奇，2004）。预算软约束的存在使管理层缺少必要的压力与动力对国有企业进行严格预算控制，无法真正意识到预算管理的重要性，预算松弛现象在国有企业中相当普遍。

根据中央企业集团发展中存在的问题，2012年年初，国资委主任王勇发指出："从中央企业自身看，这几年中央企业整体保持了平稳较快发展，但仍然存在很多亟待解决的问题：一些企业成本费用控制不力，投资决策不科学，债务规模增长过快，子公司亏损增多，经营风险不断积累；一些企业集团管控能力不足，管理层级过多，管理风险不断累积，内控机制不健全甚至严重缺失；一些企业资源配置效率不高，产业协同能力不强，内部恶性竞争和重复建设现象较为严重。"为此，2012年，国资委在中央企业全面开展"管理提升50年"活动，以期进一步深化改革，调整结构，强化管理，完善国资监管体制，全面推进做强做优，着力提升发展质量，推动管理创新。

尽管如此，我国国有企业的预算管理体制存在诸多的问题亟待解决。第一，预算方法上仍局限于增量预算、固定预算、定期预算等传统的简单方法，对零基预算、弹性预算、滚动预算等先进方法应用较少；第二，企业预算管理应以企业利润目标为导向，但我国国有企业承担着一定的政治目标，这就使得其预算目标偏离企业的战略规划，在一定程度上违背了企业价值最大化的目标（周祥，2009）；第三，企业预算的编制，涉及经营管理的各个方面，应保证各部门都参与进来，但我国国有企业一般仅限于财务部门和计划部门，使得预算编制流于形式，与实际经营活动脱节严重，难以在各部门有效执行（樊萱，2006）等。预算管理的不科学，不利于科学决策的制定，影响企业经营的各个方面，导致企业经营管理的效率低下。

第三节 投资效率观

国有资本投资效率问题主要关注三个方面：一是宏观层面，经济资源是如何在不同地区、不同经济部门有效合理配置的；二是中观层面，基于投资者保护的公司治理机制是如何影响企业投资决策及其投资效率的;三是微观层面,通过何种方式来提升投资效率。从宏观的视角来看,政府往往重视投资项目和规模,往往忽视"技术"视角的效率问题。从微观的角度来看,国有企业非效率投资既有治理因素,但最重要的还是管理问题。随着我国市场化进程和2000年以来的国有企业改革的推进,国内学者发展了基于产权的资本投资效率问题研究(治理观)和开创了基于战略管理理论的提升资本投资效率的战略管理控制机制研究(战略管理观)。由此,治理观和战略管理观是目前研究国有企业资本投资效率影响因素的主要视角。

一 治理观

治理观研究我国国有企业特有的产权缺陷、预算软约束、代理问题的存在,认为天生的产权因素导致了非效率投资(包括投资不足和投资过度)(林毅夫等,2001;2004)和有损公司价值最大化(张功富、宋献中,2009)的经济后果。产权观学者们从股权代理视角(潘敏,2003)、自由现金流视角(张翼、李辰,2005;刘昌国,2006)、控制权视角(刘朝晖,2002;欧阳凌,2005;饶育蕾、汪玉英,2006;郝颖、刘星,2009)的研究发现,投资效益低下是国有上市公司的普遍现象,重复投资、投资过度扩张是国有企业的主要行为模式,并且上市公司治理机制和抑制投资过度行为的功能较弱。治理观其实是沿袭了资本投资研究的契约观。在信息不对称方面,张功富、宋献中(2004)认为,信息不对称可能会给企业带来融资约束,从而引发投资不足。在代理问题方面,由于国有企业的"所有者缺位"和"委托—代理链条复杂"导致不完备契约的存在,企业经理人受到的监督和约束十分微弱,从而使经理人更可能出于建造"企业帝国"的需要而进行投资过度(辛清泉,2007)。朱红军等(2006)、张功富和宋献中(2009)认为,主要源于信息不对称导致投资不足与主要源于代理问题导致投资过度并存。

二 战略管理观

战略管理观认为,管理控制、管理机制的缺陷导致国有企业资本整体配置和使用的低效。国内学者融合了公司治理理论和战略管理理论，针对国有企业及其集团过长的产权链条形成复杂的集团内部法人治理结构，提出财务分层思想，即财务因多层委托—代理关系、治理结构差异而分为出资者财务、经营者财务和财务经理财务，它们之间是制衡与协同关系（陆正飞等，2004；谢志华，2003；李心合，2004）。财务分层思想能够有效实现战略性财务控制与公司战略的对接，从计划、决策、控制、评价全面支持公司战略。战略控制反映了公司的战略导向，战略控制系统指导公司的活动趋近于战略目标。预算控制、评价控制、制度控制、激励控制是细化落实战略的工具（张先治，2004）。有学者主张从组织背景来研究国有资本的有效配置问题，仅仅将改变局限于成本、收益和风险等变量，注重面向市场的计划和决策后的控制及评价问题（汤谷良，2001），通过对管理控制关系的重新梳理，有利于战略资源控制和配置（汤谷良、王斌，2009），通过管控能力的提升谋求长远发展（汤谷良，2007）。战略管理观不否认治理观的主张，但是更强调的是企业的战略管理职能，只要理顺国有企业与国家的关系，根据业务功能的需要行使决策、计划、执行、控制、评价的权力，依据所分配的资源进行管理（汤谷良，2009），通过加强管理可以保障国有资本的投资效率（于增彪，2006）。

三　集团型国有企业资本投资效率

1997年，党的十五大报告指出，要"培育和发展多元化投资主体，推动政企分开和企业转换经营机制"。至此，全国先后有2000多家国有大中型企业建立了现代企业制度，并逐步组建了一批具有国际竞争力的大型国有企业集团。1999年国家开始实施国有经济战略性调整，为了实现政企分开、扩大企业的经营自主权、提高企业的生产经营能力，通过政企脱钩，极大地推进了现代企业制度改革。后几经整合，形成了如今"国资委"旗下的113家大型中央企业。

国有企业集团在我国的迅速兴起和发展除经济发展及市场机制

自然选择的结果外，主要得益于政府的大力倡导和推动，政府作用占据主导地位，集团最初的建立与发展都是在政府的极力推动之下完成的。20世纪80年代，政府提倡建立的横向经济联合体便是企业集团的雏形。之后，政府机构多次发文对企业集团的含义、组建原则及组建条件、基本特征等问题逐步做出明确规定。企业集团开始在我国形成。进入90年代，为了减少企业集团组建的盲目和随意，国家开始选择一批企业集团作为试点以扶持其发展。这些试点企业集团享受许多优惠政策，如设立财务公司、集团统一纳税、大型企业集团优先上市，等等。1997年，党的十五大报告提出，"要以资本为纽带，通过市场形成具有较强竞争力的跨地区、跨行业、跨所有制和跨国经营的大企业集团"，将组建企业集团作为促进国有企业改革的重要举措之一。自此，我国国有企业集团迅速发展起来。因此，我国的国有企业集团可以称为"政府导向型国有企业集团"（唐文雄，2000）。并且，在我国，国有企业集团扮演着双重角色。它不仅是不完善的外部市场与独立企业之间的中介组织，还是政府宏观管理与企业微观活动之间的中层操作者。

随着我国市场经济制度的成熟，企业集团已经成为一种比较常见的组织形式。在市场化改革过程中，我国组建了一大批国有企业集团。这些企业集团通过兼并、收购、重组等方式不断发展壮大，已经成为国民经济发展中的中坚力量。截至2012年年底，我国前500家大企业集团营业收入总额达到467756.10亿元。2013年，我国共有95家大企业集团进入《财富》500强大榜单。[①]

在"新兴加转型"的双重背景下，我国国有企业集团最初是在政府干预和引导下建立起来的，特殊的制度背景决定了我国大部分企业集团与政府之间存在剪不断的关系，属于国有性质。政府通过国有企业集团以多级母子公司的形式实现了对大量国有企业的间接控制（武常岐、钱婷，2011），形成我国独特的"政府—企业集

---

① 《中国大企业集团年度发展报告》（紫皮书），中国发展出版社2013年版。

团—国有企业"三级管理体系（蒋卫平，2006）。另外，我国的企业集团多元化现象比较普遍，且集团享有可设立财务公司的特权（朱武祥，2001）。

企业集团能够利用其内部资本市场优势，构建资本运作平台，实现各个企业之间的协调互动，更好地完成资金筹集和资本配置，从而降低了企业的交易成本、缓解了企业面临的融资约束；集团企业具有规模经济和多元化效应，其业务活动范围可以覆盖多个地域、多个行业，从而帮助成员企业的投资活动打破地域壁垒和行业壁垒，部分地解决企业的投资不足问题；集团总部（即母公司）作为"群龙之首"，负责战略规划以及投融资等重大决策的制定，集团内所有企业在总部的统一规划下协调有序运营，可以提高投资决策的科学性，提高投资效率。

但是，我们也看到，无论是中央企业，还是各级国有企业，均呈现出集团化和多元化的趋势。国有企业集团的多元化实际上是制度因素、市场因素与企业自身因素之间相互结合、相互博弈的结果，这与中国转型期的社会、经济、政治特点密切相关。多元化企业快速发展的前提是各种市场经济的不成熟，市场经济越不发达的地方，多元化程度就越高。国有企业集团的多元化正是"新兴加转型"的产物，同时也暴露出了国有企业公司治理、投资与战略管控等方面的问题。例如，众所周知的中航油事件、中信泰富事件等，引申出的一个共同的问题是国有企业集团公司的非效率投资与管理控制缺陷。

集团化的国有企业必然是多元化的，而多元化既是避险的措施，又是冒险的行为。多元化战略既可因为组合了不同的业务而降低企业的风险，又会因为进入新的领域导致风险暴露面扩大和组织结构复杂程度的增加及委托—代理层级增多而提高企业的风险。

四 资本投资效率的提升路径

对于如何提升国有企业投资效率，我们认为，可以从技术观、契约观和管理观三个方面入手。

技术观是指用科学的投资效率评价指标引导国有企业资本投资行为，即对投资决策理论与方法本身，从纯"技术"的角度看待国有企业资本投资，因此，我们这里称之为"技术观"。随着国有企业从商品经营、资产经营转变到资本经营方式，资本收益成为管理的核心，我国国资委发布的《中央企业负责人经营业绩考核暂行办法》中明确规定以 EVA 作为考核指标。EVA 指标来源于默顿·米勒和弗兰克·莫迪利亚尼有关公司价值的经济模型。正如彼得·德鲁克所言，"EVA 是度量全要素生产率的关键指标，反映了管理价值的所有方面"。

契约观是指考虑国有企业治理结构的影响，以及国有企业特有的"信息不对称""逆向选择"以及"道德风险""委托—代理"等特征，建立和完善有效的公司治理机制，加强对国有企业经营者资本投资行为的监督和控制。

管理观是针对我国国有企业管理缺乏科学性，通过增强国有企业经营管理者的战略管理水平，来提升国有企业资本投资效率。

上述三种途径为提升国有企业资本投资效率这一焦点议题奠定了重要基础。但是，由于对国有企业的契约内涵和管理缺陷把握不够系统和深入，还不足以为资本投资效率提供一个完备的解释框架，没有完全地揭示出国有企业资本投资效率的影响因素与提升国有企业资本投资效率的途径、目标等之间的逻辑关系，因此，我们需要真正找到提升国有企业资本投资效率的有效机制。从长远出发，无论是解决国有资产的宏观配置效率问题，还是解决国有企业资源的微观配置效率问题，都需要利用战略管理理论统揽国有企业资本投资控制的整个全局，并深入探究国有企业资本投资的战略性管理控制系统的构成及运行机制。如果只着眼于国有企业资本投资控制的某一方面，也就割裂了战略性控制系统各要素之间的联系，从而在指导实践中就难免存在一定的局限性。

第三章 政府干预与国有企业资本投资效率

随着国家"十二五"战略规划的逐步实施和公司治理机制中不同利益主体代理冲突的演化,作为国民经济支柱的国有企业资本投资效率问题成为治理转型背景下深化国有企业产权制度改革的核心问题。国有产权作为政府拥有的最直接的利益品,政府如何管理国有产权反映出政府的利益导向(赵静、陈玲和薛澜,2013)。自20世纪90年代中后期,随着市场化改革和国有企业产权制度改革的深化,政府逐步降低了对国有企业的政治控制,转而加强了规制与政策管制(Li, Y. et al., 2006)。随着我国从速度型发展转向规制型发展,我国政府的政策目标也从单一的追求经济发展转向了经济社会和谐发展(薛澜和陈玲,2010)。如今逐步形成了由国有资本投资的"主控与施压"格局,即国家发展改革委、国资委和财政部等代表政府给国有企业资本投资施加战略性管理控制的"施压方",国有企业自身是资本投资战略性管理控制的"主控方"(刘媛媛,2012)。从理论上讲,市场化改革与产权改革都旨在诱导国有企业运营偏向盈利目标和弱化预算软约束。从实际来看,国有企业的经济绩效确实得到了很大改善。然而,很大程度上改善是源于垄断以及政策优惠和各种补贴。北京天则经济研究所课题组(2011)的一份研究报告表明,2001—2009年,国有及其国有控股工业企业利润的70%主要是由垄断企业实现的,且账面绩效主要来自享受政府财政补贴、融资成本和土地及资源租金等种种政策优惠,若扣除上述补贴和政策优惠,其平均真实的股权报酬率将由扣除前的 8.16% 调整为 -1.47%。因此，国有企业仍然存在源于政府干预对企业目标的扭曲和管理层激励约束机制的缺失两个方面的问题（Chen et al.，2006），国有企业的投资决策更容易偏离利润（价值）最大化目标，导致投资低效。因此，政府作为国家的代理机构，其对国有企业资本投资效率上的影响作用不容忽视。一方面，政府为国有企业提供更多的资源优势，以提高竞争力、维护其垄断地位；另一方面，政府的干预行为造成国有企业目标的多元化、管理层约束机制的缺失以及预算软约束等问题，导致了资本投资效率的低下。对此，我们感兴趣的问题是，政府干预企业投资活动的机制是什么？干预作用的路径如何？究竟是一种中性的手段，还是对企业的"支持"或者"掠夺"？大量的文献从政府控股、政治关联的角度实证研究了政府干预能够造成企业非效率投资，尤其是投资过度（张功富、叶忠明等，2011；Chen，Sun et al.，2011）。也有大量文献针对政府干预的后果进行了研究（Cheung et al.，2008，钟海燕、冉茂盛和文守逊，2010）。我们认为，包括政府干预动机和手段在内的机制，也应该得到关注。

政府干预是如何造成企业的非效率投资的？在这里，我们首先要了解我国的政企关系演变，政府在企业投资活动中所起的作用以及政府干预的经济后果。其次，针对政府为何要干预国有企业的投资活动进行论述，从两个角度来说明政府干预的动机。再次，从政府直接控股、建立政治关联以及政府补贴等角度来研究政府干预的手段。最后，主要从外部治理机制和内部治理角度来说明减弱政府干预程度的方式。其具体分析框架如图 3-1 所示。

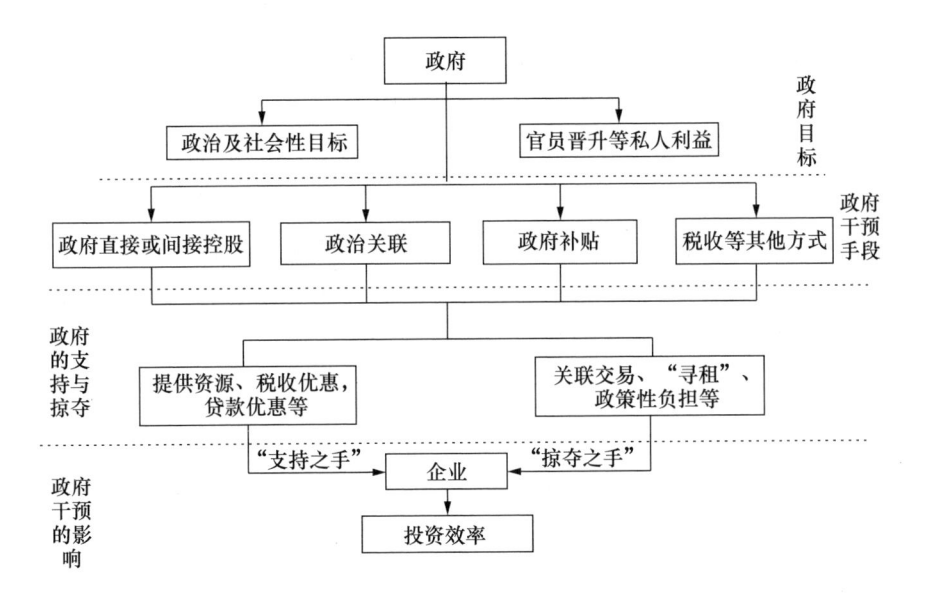

图 3-1 政府干预企业投资活动的分析框架

第一节 国有企业非效率投资的现实根源：政企关系

一 我国政企关系的演变

在古典自由主义下，亚当·斯密主张市场机制作为"看不见的手"，是调节经济的主要驱动力，政府在最小范围内执行其经济职能，充当"守夜人"角色；1929—1933 年世界经济危机的到来，凯恩斯学派的观点成为主导，提出政府干预经济理论，主张扩大政府的职能，对社会和经济进行全方位的干预；到 20 世纪 70 年代，西方国家的经济"滞胀"，暴露出政府干预的弊端，造成了经济的低效率，市场主导的自由经济又占了上风；然而，20 世纪八九十年代凯恩斯的政府干预主义又走出了低谷（张洁珺和陈国权，2000）。西方政府职能演变表明，政府与市场之间并非是唯一或者替代的一种关系。在不同的文化背景、社会发展状况、民族心理惯性下，政府的角色也有相当大的差异（王冠，2008）。

在我国，钱颖一（2000）提出，在法治下，政府与经济人（企业或个人）之间应该形成"保持性距离"关系。也就是说，只有政府和经济人保持适当的距离，政府才能够正当地、不偏不倚地执行其权力，对市场进行有效的支持和促进。政企关系具有两种典型的方式：重视市场合理性及效率的市场型和重视政府计划合理性及效率的协调型（陈小洪，2011）。政府并不总是"无为"的，同时也不可能是"全能"的。自20世纪80年代以来，从计划经济转变市场经济的过程中，我国国有企业经历了市场化改革，我国的政府也不断地改变其职能。国有企业本身经历了"放权让利""利改税""承包制""现代企业制度"等"完善经营机制"的系列转变，经营绩效也得到了较大幅度提升。20世纪80年代以来的行政性分权改革开启了国有经济部分的分级所有制。中央、省、市、县等各级政府在国有产权重置过程中拥有政策制定权和执行权，尤其是极大地激发了地方政府发展本地经济的动机，使地方政府成为市场竞争的主角（王珺，1999）。但是，由于历史原因和宏观环境的限制，政府对土地、能源、矿产、资本等各种资源的控制力量依然十分强大，仍然对国有企业有较强的干预和保护，并没有实现完全的政企分开。2005年，国务院发布了《关于深化经济体制改革的意见》（国发〔2005〕9号），国务院办公厅转发了《〈国资委关于推进国有资本调整和国有企业重组的指导意见〉的通知》（国办发〔2006〕97号），在文件中，政府在重要基础领域再度加强了国有资本控制，因此，政府拥有国有的战略部门，在关键行业中具有垄断特权。在私有化程度较高的领域，政府在制度或者政策层面对市场进行干预，属规制性的，为市场经济提供制度保障。

尽管30多年的经济改革使中国的市场化程度已经达到相当高的水平，但是，受制于法治水平，政府的行为很难受到法律的制约，其对经济的干预会超过应有的限制。只有在政府的权限受到约束时，才能对经济人进行客观的干预和监督（钱颖一，2003）。由此可见，转轨时期的政府依旧具有很大的权力，进而使中国国有企业所特有的政本文化扎根，深刻地影响着国有资本投资的效率（欧绍华、吴日中，2012）。由于政府难以受到合理的限制和约束，往往会对市场和微观经济实体进行不恰当的干预，造成其经营效率和投资效率的下降。

二 政府干预作用：支持与掠夺

在完美市场中，公司价值来源于投资活动所产生的净现金流，与其所处的环境及其他限制条件并不相关。政府的作用就是通过宏观调控和微观规制对企业的外部环境及行为准则进行调节，确保企业在一个良好的投资和经营环境中进行价值创造。然而，我国国有企业与政府之间的特殊性决定了国有企业复杂的经营环境和目标的多重性（Huang, Li et al., 2010）。国内外的众多学者结合我国特殊的制度背景，针对政府干预对国有企业的经营绩效及投资效率等方面进行了研究，以此探究政府对国有企业究竟是资源支持还是利益的掠夺。

针对政府干预经济后果主要有两种观点：一种观点认为，政府是"支持之手"，政府干预的存在能够帮助国有企业增加竞争优势，获得超额收益，提升企业价值（Fisman, 2011; Rocholl et al., 2009; Faccio, 2006; 章卫东、张洪辉等，2012）。另一种观点认为，政府对国有企业伸出的是"掠夺之手"，通过各种手段对企业的利益进行攫取。为了实现政府经济及社会目标，对企业的投资活动进行干预，降低了国有企业的投资效率，破坏了资源配置的最优化，损害了企业价值（Shleifer, 1998; Chen, Sun et al., 2011; 徐晓东与陈小悦，2003; 唐雪松、周晓苏等，2010）。

然而，仅仅研究政府干预的后果并不能解决国有企业"低效率"的问题，要进一步探究干预背后的动机，以及政府"干预的手"在理顺政府为何及如何对国有企业进行资源的支持或掠夺的情况下，才能有助于完善国有企业的治理转型，改善国有企业的资本投资效率。

第二节 政府干预国有企业投资活动的现实根源

政府持有国有上市公司的股票这一现象是我国股票市场的主要特征之一，相应地，这些国有上市公司相对于国内的非国有企业而言具有一定的优势，然而，这些国有上市公司除了存在其他非国有企业本身所存在的一些基本问题，如委托—代理问题和信息不对称问题等，它自身还存在一些非国有企业所不存在的问题，相对于我国的非国有企业而言，我国的国有企业还承担着多重目标，如宏观的经济战略发展、就业问题、税收问题等，这些问题的存在使我国国有企业承担着额外的政策性负担（Lin, J., F. Cai, Z. Li, 1998）。此外，我国国有企业虽然经过股权改制，但是，股权结构总体上依然表现为集中，而股权集中尽管可以在一定程度上减缓第一类代理问题和避免公司内部出现"搭便车"的现象，但是，第二类代理问题随之产生了，而且，近年来国内外的学术界研究也发现，在投资者保护程度较低的情况下，其所在国家的企业基本代理问题不再是第一类代理问题了，而转化为企业的中小投资者与控制性股东之间的代理问题即第二类代理问题（Shleifer, A., R. Vishny, 1997）。此外，由于我国的大多数上市公司是由原国有企业经过股份制改造而成，因此，这些上市公司在投资行为上面依旧没有完全摆脱之前的国有企业利用国有银行提供的资金进行投资扩张的"投资饥渴症"行为的束缚，大多数现有的国有上市企业依旧沿用之前国有企业的投资模式进行大规模的投资扩张行为（潘敏、金岩，2003）；此外，我国国有企业中所表现出的政府持有公司股份这一基本特征在政府干预行为中表现得比较明显，程仲鸣、夏新平、余明桂（2008）以 2002—2006 年的地方国有企业为样本研究政府干预在企业投资效率中的作用，其研究表明，政府干预与地方政府的投资过度行为表现出正相关关系。再者，也有相关人员在探讨国有股权在企业的治理过程中的作用中发现，相对于非国有企业而言，我国的国有股产权主体缺位现象较为严重，因此，缺乏对公司的经营管理层进行有效的监管，进而内部人控制现象也较为普遍，也就是通常所说的国有股在公司治理中所发挥的"攫取之手"的作用。

由于上述问题的存在，使我国国有企业的投资效率总体上表现为非效率性，而且相对于我国的非国有企业来说，此种现象表现得更为严重。

基于第一类代理问题即股东—经理层之间的代理问题，我国国有企业产权主体的缺位对公司经理层缺乏有效的监督和管理，以至于最终导致公司内部控制人的出现，这给公司内部的经理层寻求某些目的提供了机会，詹森（Jensen，1986）研究曾指出，当企业内部拥有充足的现金流时，经理层通常为一味地追求建立经理人的目的，会盲目地进行一些投资行为，扩大企业的规模，而往往不会在意所投资项目的好坏，也不在乎投资的结果，结果出现了前文所说的投资过度现象。辛清泉、林斌、王彦超（2007）的研究表明，当企业的经理层人员在进行资本投资存在私人成本时，而且这种私人成本相对于所要获取的利益而言还要高时，那么，即使公司面临一些净现值为正的投资项目，经理层人员也是会放弃的，即所谓的投资不足就产生了。类似地，当公司内部的经理层人员所享有的利益或薪酬相对较低的时候，那么经理层通常会寻求其他方式来弥补自己的需求，即使面临的一些投资项目为负，也是会去投资的，那么投资过度现象也就相应地产生了，这些很大一部分是由于产权主体缺位或者股东持股比例较低，缺乏对经理层的监督而出现的现象，然而，当股东持股比例不断增加，股东拥有足够的能力加强对公司经理层的监督时，此类代理问题得到了缓解。在股东持股比例增加的同时，尤其是那些占有控股比例的股东，往往利用自身的控制权进行利益传送行为，在获取自身的控制权私利的同时，损害了其他利益相关者如中小股东的利益，第二类代理问题随之产生，这种新的代理问题也会导致企业的非效率投资行为，因此，大股东控制对企业投资效率的影响既有正向作用，也有其负面作用。

詹森和梅克森（C. Jensen and H. Meckling，1976）从股东—债权人之间的代理问题角度出发，研究表明，随着股东持股比例的增加，会在一定程度上产生利益侵占效应，而且，当大股东处于绝对控股时，便会进行一些非效率投资行为如投资过度行为等，我国的一些研究，如江伟、沈艺峰（2005），在我国对相关利益者利益得不到充分保障的情况下，研究股东持股比例与大股东侵占债权人利益的关系，其研究表明，两者之间的关系表现出一种倒"N"形的关系，其反映了随着大股东持股比例的变动，而其产生的"激励效应"和"防御效应"的相互转变过程。

施莱弗和维什尼（A. Shleifer and R. W. Vishny，1997）认为，大股东持有较高的股权比例是必要的，因为，大股东持股比例高不仅有助于避免股权分散下公司内部出现"搭便车"现象的出现，另外，还可以加强对公司经理层的监督作用，然而，拉波塔、洛佩兹·德·西兰尼斯和施莱弗（La Porta，R. Lopez－de－Silanes and A. Saleifer，1999）却认为，当公司存在控股股东或者股东持股比例较高时，第二类代理问题便会变得非常明显，因为，控股股东或者持有较高股份的股东将会以牺牲其他中小股东的利益为代价来追求自身控制权利益的最大化，故而，股东拥有较高持股比例这一状况，既可能为公司带来正的效用，也可能为公司带来负面效用，这和平达多和托雷（J. Pindado and C. Torre，2005）研究得出的企业投资行为与所有权之间存在非线性的关系是类似的。

我国的一些研究学者通过研究也得出了类似的结论，罗进辉、万迪昉、蔡地（2003）从大股东持股比例所产生的"激励效应"和"防御效应"验证了企业的投资过度和大股东持股比例之间呈现倒"N"形关系，在不同持股比例的情况下，相应的代理问题在不断转变，从低持股比例一直到绝对控股这一过程，投资效率表现为先上升后下降最后又得到改善，同时，通过与非国有企业进行对比，可以发现，国有企业的投资过度行为较非国有企业来说，现象更为严重。张栋、杨淑娥、杨红（2008）的研究也表明，大股东持股比例与企业投资过度呈现倒"U"形关系，同时，国有企业的投资过度现象相对非国有企业而言，现象更严重；窦炜、刘星、安灵（2011）通过区分相对控股和绝对控股两种情况研究其与企业投资效率的关系，研究表明在大股东绝对控股的情况下，大股东与中小股东的利益将趋于一致，投资过度现象得到了缓解，然而，由于大股东与中小股东仍然存在信息不对称问题，这又会产生投资不足。

行政化分权和财政分权改革后，中央将更多的经济管理权限下放给地方，并与地方共享财政收入（周黎安，2007）。地方政府成为中央政府与上级政府的代理人。在委托—代理关系中，中央政府对地方政府的政绩考核需要综合考虑经济发展、社会稳定、充分就业、环境保护等多方面因素（谭燕、陈艳艳等，2011）。然而，这些目标并不容易量化，只能通过GDP、财政收入等经济指标与就业情况作为地方政府业绩及官员晋升的考核标准。这样，既加大了地方政府加快发展本地经济的动力，同时经济绩效考核机制又使得地方政府之间展开了"政治锦标赛"（周黎安，2004）。

政府既作为经济管理者又是参与者，为政府各级目标达成提供了条件。一方面，政府拥有土地、矿产等稀缺资源；另一方面，又与国有企业等经济主体具有天然联系。地方政府需要更多的GDP、财政收入以及就业岗位来满足中央对地方政绩的考核。政府通过国有企业的投资活动来履行其社会职能，将公共事业管理者的目标内化于企业经营决策之中，造成公司投资决策目标多元化，促使企业进行超规模投资（钟海燕、冉茂盛、文守逊，2010）。国有企业规模的扩大，既能够增加更多的产出，创造更多的税收，同时又提供了更多的空缺岗位，这就满足了政府"经济参与人"的经济利益（张洪辉和王宗军，2010）。

从企业层面看，政府的经济和政治目标可以从国有企业承担的冗员率和税收贡献率等得以反映。正如李培林、张翼（1999）提出的，国有企业的社会成本很大，这已经成为许多国有企业"有增长而无发展"的重要原因。他们通过国有企业和非国有企业之间的对比，得出国有企业中非生产性固定资产和福利费支出的比重比其他性质的企业更高。冗余雇员的存在降低了对高管的薪酬激励，增加了管理者的代理成本，对国有企业的绩效产生了负面影响（薛云奎和白云霞，2008）。在国有企业扩大规模的同时，也为当地政府提供了更多的税收收入，满足了政府对经济目标的要求。

此外，政府官员的个人私利也会成为政府干预的动机（Cheung，Rau et al.，2008；唐雪松、周晓苏等，2010；吕俊，2012）。除了晋升目的，政府官员腐败或者与企业经理合谋"寻租"，也会扭曲企业的投资决策机制，影响企业的投资效率（艾健明，2008）。

第三节　政府干预国有企业投资行为的机制

政府干预经济的手段主要包括法律手段、行政手段和经济手段。法律手段和行政手段是大多数国家采用的形式，诸如美国、日本等，通过法律法规、行政指导等为企业投资行为提供依据（陈小洪，2011）。而经济手段则体现了政府"参与人"的角色，通过直接控股、建立政治关联、政府补贴、税收等对经济主体进行干预。我们将主要针对政府干预国有企业投资行为的机制进行分析。

一　政府直接控股

政府对一些大型国有企业拥有绝对的控制权，可以以大股东的身份直接控制企业的重大决策，当然，包括投资决策（吕俊，2012）。政府一方面作为企业的股东，要实现股东财富最大化的目标；另一方面政府又承担着各种政策性目标（Firth, H., Malatesta et al., 2012），这种矛盾的存在往往会使政府这个股东偏离企业最大化的目标，损害了中小股东的利益，加剧了政府大股东与中小股东之间的委托—代理问题。当大股东持股比例高于某个临界值时，大股东有足够的控制力，实施有利于自身利益的投资以及构建控制性资源，攫取控制权私有收益（冉茂盛、钟海燕等，2010），这也恰好为政府实现政治及经济目标提供了机会。

Cheung 等（2008）认为，关联交易是大股东支持或者攫取企业价值的一种方式，通过这种方式支持企业的行为主要集中在中央政府，而地方政府则往往通过关联交易来攫取上市公司的利益。除关联交易外，大股东还可以通过稀释性股票发行、挤出小股东、内幕交易、暗中收购等手段来谋取最大化利益的终极目标（章卫东、张洪辉等，2012）。冉茂盛、钟海燕等（2010）进一步研究了大股东控股干预企业投资效率的路径，将企业治理作为中介纳入机制。大股东通过干预独立董事比例、资本结构等公司治理机制，进而对董事会、管理者进行激励或者施压，实现大股东的控制权利益。而政府则可通过这些手段对国有企业进行价值或者资源的转移，实现地区经济的增长以及绩效的提高。

二　政治关联

除了直接控股的方式，通过与上市公司的 CEO 或者董事会主席等建立政治关联，也成为政府实行间接干预的一种方式（Chen, Sun et al., 2011）。政治关联可以为企业获得更多的资源，比如更容易获得贷款（Yeh, Shu et al., 2012）、税收优待、较高的 IPO 溢价、政府资助等（Wu, Wu et al., 2012）。菲斯曼（Fisman, 2001）和罗科尔·戈德曼等（Rocholl Goldman et al., 2009）分别以印度尼西亚和美国为研究对象，分析了政治联系与公司价值之间的关系。他们认为，政治联系的建立能够提升公司的股价，形成超额收益，而政治关系的结束则造成了股价的跌落。法西科（Faccio, 2006）将这种现象归结为政府更愿意为具有联系的企业提供"保护伞"，在公司需要的时候提供更多的资金援助。

然而，政治关联并不总为企业提供优势。很多学者认为，政治关联是实现政府社会性目标的一个通道。为了完成政府的业绩考核目标，具有政治背景的高管往往会背离盈利这一重要目标，会降低高管的薪酬与业绩之间的敏感性，热衷于能够凸显政绩的事情，包括进行投资过度、不断地扩大企业的规模，借以引起有关政府官员的"注意"（杜兴强、曾泉等，2008）。张功富（2011）则从另一个角度来衡量政府关联对投资过度的影响。他认为，国有企业具有政治背景的人员任职能够尽力避免政府对于企业的干预而造成的投资过度，那些融资约束的企业高管则可以利用这种关系为企业争取更多的优惠贷款、财政补贴等资金来缓解企业的投资不足。在这种情况下，他认为，政府关联可以起到积极的作用。

三　政府补贴

自公司改革以来，自负盈亏成为现代企业的一项重要标志。尽管国有企业改革一直是重点，但过程却需要循序渐进。在这个过程中，政府会通过补贴等来支持企业创新、弥补企业的政策性亏损（Lin et al.，1988）。

新会计准则对政府补贴做了明确的规定，指明政府补贴是企业从政府无偿取得货币性资产或非货币性资产，但不包括政府作为企业所有者投入的资本。主要有财政拨款、财政贴息、税收返还和无偿划拨非货币性资产等。在2007年新会计准则发布以前，政府补贴经历了较长时间的改革。1993年设立过"应收补贴款"和"补贴收入"来分别核算企业的政策性亏损补贴和其他补贴（刘浩，2002）。而2007年将政府补贴纳入"其他应收款""营业外收入"和"递延收益"等科目。由此可见，政府补贴能够增加企业的资产和收入，是政府的一种直接经济行为。但是，政府补贴的经济效益尚未得到一致的结论。

Wu Wu等（2012）认为，政府补贴和政策负担是政治背景的高管控制企业的两种途径，他们认为，地方国有企业比中央国有企业和私有企业获得更多的补贴，而且地区发达程度越弱，获得的补贴越多。地方政府通过补贴来帮助那些欠发达区域或者陷入财务困境的国有企业，以此来提高当地就业水平。他们都提到政府发放补贴主要是为了实现其政治目标，如就业和提供公共产品。从另一个角度来说，基于政府"掠夺"的理论，政府通过补贴来支持企业，往往是为了使企业更愿意承担社会性目标或者政策性负担。一旦企业发生了亏损，那么政府就会对其因承担政策性负担而造成的损失进行补偿，即发放补贴。或者说当期的财政支持意味着未来更多的"掠夺"（逯东、孟子平、杨丹，2010）。对国有企业来说，这便形成了一个恶性循环，即政策性负担—政府补贴—代理问题—政府干预（Lin, J. Y., Cai et al., 1998）。政府补贴也能够增加企业所控制的内部资金，这样会造成国有企业的预算软约束[①]，相比私有企业，国有企业更容易产生投资过度。尤其是在国有企业具有一定的内部资金但缺乏良好的投资机会时，往往会因政策性目标或者管理者个人原因而投资过度，造成效率的低下（Firth, H., Malatesta et al., 2012）。

耿强、江飞涛和傅坦（2011）认为，地方政府采取补贴政策来影响企业的投资行为，主要涉及三个方面：一是地方政府低价提供土地，会扭曲企业的投资行为，导致过度的产能投入和产出。二是地方政府会纵容企业污染环境，通过环境的牺牲来获得更多的投资和资源固化。三是地方政府的不正当干预使企业投资风险显著外部化，从而导致企业在投资时忽略理性原则，造成投资过度和行业产能过剩。

[①] 科尔奈提出了政府对国有企业的"软约束"问题，而软约束造就了国有企业"投资饥渴症"。软约束的不良后果是消费者将不再量入而出，生产者将会不再考虑或者少考虑投资效率低下所造成的后果。进而诱致大多数企业的高管层争相扩张企业规模，其目的在于获取更多更大行政权力和个人经济权利，而不是把"规模"单纯认为是获取规模经济效益的手段。

第四节 减缓政府干预国有企业投资的方式

政府具有两面性，在不同的时刻扮演不同的角色。其既是维护国有企业竞争优势、保障国有资本的"支持者"，同时又是攫取企业价值、转移企业资源的"掠夺者"。无论政府伸出哪只手，都会影响国有资本的最优配置，造成了国有企业与非国有企业、国有企业之间的竞争不充分。这也极大地影响了我国市场经济的发展进程。为此，我们从外部制度和内部治理机制两个角度来探讨缓解政府干预的方式。

一 外部制度

国有企业改革是促进政企分开、改善国有企业经营效率的主要方式。通过对国有企业的股份制改革或者完全私有化，注入市场化血液，提高企业的积极性。有学者认为，引入私有股权以后能够提高国有企业的收入水平和产出效率（Sun, Q. and W. H. S. Tong, 2003）。从理论上讲，国有企业引入其他性质股东以后，其内部的监督和激励作用应该加大。但是，实际效果却取决于政府是否能真正"放手"，也就是说，产权激励是否得到改善和政府是否能够真正的不干预（丁友刚，2011）。只有政府和企业各司其职，以优胜劣汰的市场化准则对企业进行激励和约束，才能够提高国有企业的投资和经营效率。

此外，地区市场化程度与政府干预的程度相关（张功富、叶忠明等，2011；钟海燕、冉茂盛等，2012）。加强市场化进程，一方面有利于良好的市场环境和竞争制度的建立，促进企业之间的公平竞争，加大国有企业的积极性；另一方面能够改善信息的传递作用。有效的市场能够及时地传递信息，企业经营成果和财务状况也能够在市场中得到反映，这对管理者来说形成了一种无形的监督和约束作用，从而能够有效地改善企业内部的代理问题。

二 公司治理机制

钟海燕、冉茂盛等（2010）在代理理论的框架下提出，我国国有企业中存在治理弱化是导致国有公司投资过度的制度根源。他们认为，单纯强调产权改革和外部治理机制的完善，对于提高国有企业的投资效率只能起到"隔靴搔痒"的效果，要真正从治理角度来规范国有企业的投资行为。通过弱化政府干预动机、薪酬改革以及深化银行体制改革等制度来完善治理机制，监督内部人的自利动机，从治理层面真正规范国有企业的投资行为。而且，治理越好的公司获取政治关联的成本就会越高，这也可能会降低政府干预的可能性。吕俊（2012）通过实证研究，认为大股东制衡、独立董事、薪酬激励等机制对非效率投资有一定的抑制作用，从而证明了良好的公司治理能够在一定程度上减缓政府的干预程度。管理层持股比例会影响公司的市场价值（R. Morck A. Shleifer et al., 1988）。他们认为，公司市场价值（托宾Q值）会随着公司的管理层持股比例的增加而变化。当管理层持股比例在一定的范围时，能够对公司价值产生积极的影响。

除了公司治理，金字塔股权结构的普遍存在也成为学者研究的热点。我国制度环境相对不完善，产权保护较差，契约执行与监管效率较低，金字塔结构可能承担了本应由这些外部市场承担的功能（程仲鸣、夏新平等，2008）。通过实证研究，程仲鸣、夏新平等（2008）证明了金字塔层级与投资过度负相关。金字塔结构作为法律保护的替代机制可以保护企业免受政府干预的影响。

第五节 政府干预国有企业投资的其他影响因素

以产权改革为核心的治理转型为国有企业带来了活力和生机，

但是，国有企业资本投资的"高投资、低效率"问题却一直未有明显改善。而频频可获得巨额财政补贴，虽然可弥补亏损和改善账面利润，但是却未能从实质上扭转低效投资的局面。基于此，针对治理转型时期的国有企业资本投资效率与政府干预之间的关系展开了讨论。通过对我国政企关系演变的回顾，可知当前我国政府仍具有很大的行政控制和管理权限，并不能完全以第三方的角色对微观经济实体进行规制和引导。政府干预的存在影响了资源的最优配置，扰乱了市场的竞争秩序，同时也造成了国有企业的效率低下。诸多学者的研究也表明，国有企业的非效率投资与政府的干预行为具有一定的联系。我们针对政府干预的动机以及手段进行总结和分析，旨在说明政府干预企业投资活动的机制。

一 政府干预动机与国有企业非效率投资

不同级别的政府目标不同，其对企业的干预程度也不同。相比地方政府，中央政府更多地关注国有资本的增值保值，以提高国有企业的经营效率为前提，会尽可能地支持企业的发展，而非掠夺其资源。而经济绩效的考核机制加大了地方政府加快地区发展的动力，同时也增加了其干预企业活动的动机。为了实现GDP的增长、税收收入的增加以及就业率的提高，地方政府会采取多种手段来达成目的。官员之间的"晋升锦标赛"以及"寻租"等行为，也成为政府干预的一个主要因素。政府通过将社会性目标内化到国有企业之中，造成国有企业目标的多元化。不仅影响了决策的效率，同时还加大了衡量管理者业绩的难度，弱化了薪酬业绩的敏感性，加重了企业内部的委托—代理问题。

二 政府干预手段与国有企业的非效率投资

虽然政府能够通过法律、行政和经济等各种手段来影响企业的投资活动。但是，通过文献的回顾，学者对政府干预的研究主要还是集中于政府控股、建立政治关联、税收、补贴等几个方面。作为大股东，政府能够通过关联交易、暗中收购、影响公司治理机制等方面对企业的投资活动进行控制，以获取控制权收益。而政治关联则是通过高管与政府之间的相互作用对企业的决策产生影响。相对于政府控股和政治关联这两种手段来说，政府补贴是一种直接经济行为。为了弥补企业的政策性负担，政府给国有企业发放大量的补贴以及税收抵免等。而补贴的经济效果并没有达到好的效果，反而成为国有企业"账面盈利"的主要来源。同时会进一步加深国有企业的预算软约束问题，加重了内部的利益冲突。从这个角度来看，政府补贴是政府变相的一种干预手段，促使企业进行非效率的资源配置，完成政府施加的目标。

由此可见，政府补贴这种资源支持方式，是否能够真正对企业产生支持作用？什么情况下能够产生支持作用？什么情况下会对企业的效率产生负面影响？这些还需要进行进一步的研究和探讨。

三 缓解政府干预的方式

从外部制度改革和内部公司治理两个角度，提出减弱政府不恰当干预的途径。一方面，从外部着手，通过股份制改革，引入多种所有权，提高企业内部的监督和激励作用，增加管理者的积极性，改善投资效率。另一方面，改善企业内部的治理机制，通过决策委员会、独立董事、管理者激励、风险控制委员会等对企业内部的决策以及管理者代理问题等进行监督，加强对资金的合理利用。

第四章　政府干预与国有企业非效率投资：支持还是掠夺

国有企业作为国家经济发展的"主力军"，其必然肩负着重大责任。虽然投资在一定程度上拉动了经济的上涨，但是，投资效率问题却不容乐观。辛清泉、林斌（2007）针对我国上市公司的资本投资回报率进行估算，结果发现，1999—2004年，上市公司的投资回报率仅为2.6%，远远低于当时的银行贷款利率。张习宁（2012）分析得出，1994—2002年，中国经济的总收益大于总投资；2003—2010年，中国经济总收益小于总投资，净收益均小于0，说明经济动态无效。国有企业的投资效率直接影响着国有资本的增值保值。"高投资—低效率"现象在很大程度上制约了企业价值最大化目标的达成。

西方很多学者针对非效率投资进行了研究，以"委托—代理"和"信息不对称"理论为基础，对投资过度和投资不足进行了深入的分析。更多学者将研究领域扩展到管理者行为、管理者过度自信、大股东控股、债务的约束机制等各个方面。然而，我国现阶段正处于转轨时期，很多情况并不适用于西方的理论背景。单纯从企业内部进行研究并不能完全解决投资效率问题，诸如政企关系、政府职能转变等制度环境也会对企业的投资行为产生重大影响。政府对国有企业的政治性控制已经逐步由管制和规制等替代，在一定程度上加大了国有企业的自主经营权，但是仍存在"政企一家亲"的现象。在存在政府干预的环境下，国有企业的投资效率又会有什么样的变化？政府是否会直接以及间接地对投资决策产生影响？是否能够解释我国国有企业的非效率问题？现阶段，已经有部分学者研究了政府干预与国有企业的投资过度的关系。但是，并没有解决政府干预的动机是什么？政府又是通过什么样的手段进行的？政府对国有企业的干预会扭曲国有企业目标以及决策机制，使其偏离价值最大化（股东财富最大化）。

在前人研究的基础上，本章将视角放在国有企业投资的政府干预动机与干预路径上。以沪、深两市636家国有上市公司2007—2011年的数据为样本进行实证研究。实证结果表明，政府干预动机越强，国有企业的非效率投资程度就越大。尤其是从属于地方政府、位于发展程度弱的地区的国有上市公司非效率投资的可能性更大。政府补贴既有缓解投资不足的一面，也会促使企业进行投资过度。贡献主要有两个：（1）从多角度对政府干预的动机进行分析，为政府掠夺企业提供了更为有效的证据；（2）对政府补贴的经济后果进行研究，分析了补贴并非为企业带来资源优势，也可能成为国有企业进行非效率投资的支持手段。

第一节 政府干预动机与路径

持"支持之手"观点的学者认为，国有股东的存在或者政治关联能够提升公司的价值。很多学者证实了政治关联的存在（Fisman，2001；Rocholl et al.，2009；Faccio，2006；章卫东、张洪辉等，2012），能够提高公司的股价，获得超额收益。企业的股价（价值）会随着政治关联的建立而提升，同时也会因关系的结束而跌落。政府的干预会使国有企业容易获得银行发放的贷款（Firth，Lin et al.，2008），通过影响国有银行的放贷行为来对国有企业进行支持。

"掠夺之手"主要是由Frye和Shleifer（1996）提出的。他们认为，政府会凌驾于法律之上，对上市公司进行资源掠夺，以满足政府目标或官员私利。这既可通过政府控股，又能够通过政治关联的构建来进行。Chen、Sun 等（2011）以公司前 10 大股东是否具有政治背景作为政府干预的变量，发现政府干预能够降低国有企业的投资效率。而章卫东、张洪辉和邹斌（2012）研究发现，政府控股股东比民营股东进行资产掏空的动机更为严重。当上市公司盈利时，政府股东更倾向"掏空"。

还有学者认为，政府具有两面性，既能够"支持"又会"掠夺"企业。Sun 和 Tong 等（2002）分析了国有股权并不总是损害企业价值的。他们研究得出，国有持股比例与公司业绩呈现倒"U"形关系。也就是说，政府拥有最优的持股比例。政府持股太多，干预的程度太大；而持股比例过少，则不能起到应有的支持和保护作用。Cheung、Rau 等（2008）分别从中央和地方的角度，研究政府是否起到"支持之手"或者"掠夺之手"的作用，结果发现，中央政府更多的是支持企业的作用，而地方政府则是充当掠夺者的角色。

一　政府干预动机

由于国有企业容易受到政府的干预，很多学者将研究的重点转向政府干预的动机。Bai 等（1999）将国有企业的低效率与国有企业承担的社会责任相关。由于政府不能独自解决某些社会性目标（诸如就业），只能转嫁给国有企业，并以此维护社会的稳定。尤其是处于转型期的国家，政府与国有企业仍保持着一定的联系，行政性的管理方式并没有消除殆尽。

一方面，20 世纪 80 年代，行政性分权和财政分权改革后，中央下放更多的经济管理权限于地方，并与地方共享财政收入（周黎安，2007）。同时，将国有企业的控制权也交与地方政府手中，就业、养老等社会目标也随之落到了地方政府的肩上。为了解决地方政府肩上的重担，国有企业成为其主要的施压对象，造成国有企业的政策性负担（Lin, Cai and Li, 1998）。国有企业中冗余雇员的存在就是其政策性负担的体现。曾庆生、陈信元（2006）通过对上市公司的超额雇员进行分析，实证了国有企业比非国有企业雇用更多的员工，而且承担了更高的劳动力成本。

另一方面，由于我国地方官员的选拔和考核标准已由政治指标转为经济绩效指标。通过对地区 GDP、财政收入等作为指标对地方官员进行业绩考核。这种以 GDP 为导向的经济考核指标，造成地方政府之间的"政治锦标赛"（周黎安，2004），同时也加大了政府对企业的干预动机。另外，政府对土地、能源、矿产、资本等各种资源的控制，企业不仅受到政府的牵制，同时也为政府干预提供了机会。唐雪松、周晓苏和马如静（2010）从实证角度得出地方政府为了实现当地 GDP 增长，具有强烈的干预动机，促使国有企业进行投资过度。

此外，政府官员也会因腐败或"寻租"而对国有企业进行干预（Cheung，Rau 等，2008；唐雪松、周晓苏等，2010）。国有企业本就与政府具有直接或者间接关联。国有企业中的董事长和高管人员可能是政府委派，相比企业业绩来说，更关心个人的仕途，通过对上下级进行"寻租"来获得个人利益的达成。这不仅会扭曲企业的投资决策机制，还会影响企业的投资效率（艾建明，2008）。

二 政府干预路径

政府可以通过多种路径对经济主体进行干预，其中最为常见的就是行政、法律和经济手段。大股东控股、政治关联以及税收、补贴等经济手段是众多学者探究的重点。菲斯曼（2001）、罗科尔·戈德曼等（2009）、费恩·H. 马拉特斯塔等（Firth H. Malatesta et al.，2012）分别从政治关联和大股东控股的角度对企业进行了研究，发现政治关联能够为企业带来更多的税收、贷款优惠；而政府作为大股东的企业，面临着更多的政策性负担，拥有较为严重的委托—代理问题。相比这两种方式，政府补贴则更为直接。

国外学者对补贴的研究较为丰富。Lee（1996）对韩国制造业1963—1983 年的政府补贴及税收抵免等产业保护政策进行研究，发现这些优惠政策并没有提高行业的生产效率。而伯格斯特罗姆（Bergstrom，2000）以瑞典 1987—1993 年的面板数据为样本进行研究，发现补贴能够提高产量，但是，并没有证据表明补贴的发放能够影响企业的生产效率。Wu Wu 等（2012）认为，政府补贴和政策负担是有政治背景的高管控制企业的两种途径。他们认为，地方国有企业比中央国有企业和私有企业获得更多的补贴，而且地区发达程度越弱，获得的补贴越多。近年来，政府给众多企业发放巨额补贴，不仅成为其研发、投资资金的来源，同时也成为其改善账面利润，弥补亏损的来源。国内的学者针对这种情况，纷纷对补贴的经济和社会效果进行了研究。唐清泉、罗党伦（2007）针对政府补贴的动机与效果进行了研究，发现政府补贴在维护社会目标方面起着很大的作用，但是，并没有改善上市公司的经济效益。逯东、孟子平、杨丹（2010）等在研究中发现，政府容易向通过非经常项目扭亏的公司提供更多财政补贴，且补贴与净利润为正的权益价值具有显著的负相关性。耿强、江飞涛、傅坦（2011）认为，政府的政策性补贴扭曲了要素市场的价格，降低了投资成本，加大了产能过剩，成为经济波动的主要影响因素。

由此可见，政府补贴不仅仅是一种单纯的支持行为，其对企业的经济效果是否能够起到改善和提升的作用？这还需要进一步的研究和讨论。在国有企业多重目标的情况下，政府通过直接控股、建立政治关联、税收优惠以及政府补贴等优惠政策影响企业的经营和投资活动。对于政府的动机和干预路径还需要进一步分析，才能更好地将政府的"面目"给予展示。

第二节　作用机理与后果

一　政府干预动机与国有企业非效率投资

政府既是市场的监督者，又是经济的参与者。政府肩负的社性目标促使其寻求各种方式来满足地区的发展需求。政府的动机受到各种因素的影响，在不同的情况下政府的干预动机也会随之变化。政府层级的不同、地区间的差异也会影响政府与企业之间的行为互动。所以，针对政府的动机与国有企业非效率投资之间的关系，我们从政府层级、地区间差异以及公司层面三个角度来进行考察。

（一）中央政府与地方政府的动机差异

从行政和财政分权以后，中央与地方政府分配了权限和职能，并下放了更多的事权给地方。这不仅增加了地方政府加快经济发展的动机，同时也扩大了地方政府对企业控制和干预的权利。中央企业虽然会受到地方政府的影响，但是，其最终控制人是中央政府。中央更多地关注国有资本的增值保值，提高国有企业经营效率和成长能力，以防止国有资产的流失。地方政府则更看重国有企业对地区发展所做出的贡献。所以，地方政府比中央有更大的动机对企业的投资行为进行影响。

虽然分权改革增加了地方政府对税收以及一些资源的掌控权，但是也增加了其对地方企业的索取权和控制权（沈永健、张天琴，2011）。国有企业规模的扩大，能够在一定水平上提供更多的产出和税收的增加，为地区提供更多的就业岗位，有利于政府社会性目标的达成。此外，政府官员之间的"政治锦标赛"也成为政府干预国有企业的动机之一。为了实现政治晋升，政府官员就会控制上市公司的投资决策，通过扩大投资规模，提供更多的产出和就业岗位。

与此同时，政府为了促进企业进行扩张性投资，会对那些内部资金不足的企业进行支持，如税收减免或者发放补贴等，从而缓解资金约束对投资的影响。在这种情况下，政府干预程度越强，对企业的这种支持性动机也越大，从而能够缓解企业的投资不足（张功富，2011）。

基于此，提出如下假设：

假设4-1：与中央政府相比，地方政府干预动机与国有企业投资过度具有更强的正相关性，与投资不足有更强的负相关性。

(二) 区域间差异

不同地区的发展程度是有差别的。我国改革开放首先从东部沿海地区进行，经过30多年的发展，经济状况和地区市场发展水平已经是国家的领先区域。相比中西部来说，具有一定的优势。地区间的差异主要体现在资源的储备及流通水平上。比如，东部地区产品市场、金融市场的发展程度较强，其资源的储备较为丰富，地区的企业和人才量较多，企业之间的竞争程度也较高。由于其市场化程度高，资源的流动水平、信息的透明度等都要高于中西部地区。在这种高度市场化的环境下，国有企业也需按照市场原则参与竞争，政府很难对企业进行干预。市场化程度越弱，企业与政府之间的关系就越复杂，产品市场、要素市场相对较弱，企业之间的竞争程度就小。这种情况下，政府有更大的动机施与企业政策性负担。发展程度差的地区，其监督环境和信息透明度也会较差，政府对企业的监督力度和官员腐败被查处的效率就越达不到应有的水平。这也方便了地方政府和官员对企业进行干预。

在此基础上，提出如下假设：

假设4-2：地区市场化程度与国有企业非效率投资负相关，即地区市场化程度越强，国有企业的非效率投资程度越弱。

(三) 企业政策性负担

从企业来看，地方政府的社会性目标可以通过企业的冗员率和税收贡献率来反映。正如李培林、张翼 (1999) 文中提出的，国有企业的社会成本很大，这已经成为许多国有企业"有增长而无发展"的重要原因。他们通过国有企业和非国有企业之间的对比，得出国有企业中非生产性固定资产和福利费支出的比重比其他性质的企业更高。我国本是人口众多的国家，劳动力也较为富余，就业成为国家和政府的重要问题。为了缓解失业带来的负面影响，政府会要求国有企业雇用更多的冗余雇员，这就会造成国有企业成本增加，形成政策性负担。冗员雇员的存在，会降低高管的薪酬激励，增加管理者的代理成本（薛云奎、白云霞，2008），从而对国有企业的绩效产生负面影响。

此外，地方政府掌握的资源有限，其财政收入很大一部分来自地方企业缴纳的税收收入。国有企业上缴的税收会极大地影响地方财政收入情况。政府从企业得到的税费越多，就越希望企业能够扩大规模，提供更多的产值。因此，当企业承担的税费水平越高时，政府就会引导企业从事更多的无效率投资来提高当地的财政收入（张洪辉、王宗军，2010）。

基于此，提出如下假设：

假设4-3：地方国有企业的冗员率和税收贡献率与投资过度正相关。

二 政府补贴与国有企业非效率投资

地方政府通过补贴来帮助那些欠发达区域或者陷入财务困境的国有企业，以此来提高当地就业水平。他们都提到政府发放补贴主要是为了实现其政治和社会目标，如就业和提供公共产品。但是，针对补贴给国有企业带来的经济后果却没有得到统一的结论。基于政府"掠夺"的理论，政府通过补贴来支持企业，往往是为了使企业更愿意承担社会性目标或者政策性负担。一旦企业发生了亏损，政府就会对国有企业的政策性损失进行补偿，即发放补贴，或者说当期的财政支持意味着未来更多的"掠夺"（逯东、孟子平、杨丹，2010）。对于国有企业来说，这便形成了一个恶性循环：政策性负担—政府补贴—代理问题—政府干预（Lin, Cai et al., 1998）。政府补贴也能够增加企业所控制的内部资金，从而造成国有企业的预算软约束。[①] 企业一旦得不到债务和内部资金的限制，就会失去优化投资决策的约束力。尤其是在国有企业具有一定的内部资金但是

[①] 科尔奈1980年提出"软约束"，认为软约束造就了国有企业"投资饥渴症"。软约束对国有企业来说就意味着不用考虑低效率所带来的后果。这样导致管理者争相扩张企业规模，获取更多的权利和个人利益。

缺乏良好的投资机会时，往往会因政策性目标或者管理者个人原因而投资过度，造成效率的低下。

结合企业的投资机会来进行分析，当国有企业投资机会较好时，政府补贴能够增加企业可用的内部资金，投资于 NPV 为正的可行性项目，在一定程度上缓解企业的投资不足。当投资机会较差时，国有企业自身又承担着政府性负担，这时候国有企业有可能会投资于 NVP 小于 0 的项目，以此实现产量和就业岗位的增加，牺牲了自身的经营和投资效率。在此基础上，提出如下假设：

假设4-4：当企业投资机会较好时，政府补贴与投资不足负相关。

假设4-5：当企业投资机会较差时，政府补贴与投资过度正相关。

第三节 研究设计

一 样本选择

为控制 IPO 对投融资的影响，选取 2007 年以前在沪深 A 股上市的国有企业。在此基础上，剔除了金融行业、交叉上市、ST 和数据缺失的企业。因此，共选取了 636 家国有上市公司，选取 2007—2011 年共 3180 个样本进行研究。

二 模型选择

我们采用理查森（Richardson，2006）、辛清泉、林斌与王彦超（2007）的模型来估计投资效率。他们将企业投资分为了两个部分：一部分是维持公司正常运营所需的投资支出，另一部分是新增加的投资支出。其中，新增加的投资支出包括合理的投资支出和非效率的投资支出。使用该模型的残差项来表示非效率投资，正残差表示投资过度，负残差则表示投资不足。模型如下：

$$Invest_{i,t} = a_0 + a_1 Growth_{i,t-1} + a_2 Lev_{i,t-1} + a_3 Cash_{i,t-1} + a_4 Age_{i,t-1} + a_5 Size_{i,t-1} + a_6 Ret_{i,t-1} + a_7 Inv_{i,t-1} + \sum Year + \sum Industry + \varepsilon_{i,t}$$

(4-1)

其中，$Invest$ 是当期（第 t 期）新增支出。即当期（第 t 期）实际新增投资水平，为购置固定资产、无形资产和其他长期资产所支付的现金、购买和处置子公司及其他营业单位所支付的现金、投资支付的现金之和与年初总资产的比值。Lev 为公司的负债水平，用资产负债率表示；$Growth$ 为企业的成长机会，其代理变量主要是托宾 Q 值；$Cash$ 为现金持有量，即现金与交易性金融资产之和与年初总资产的比率；Age 为公司上市年龄；$Size$ 为公司规模，即总资产的自然对数；Ret 为上市股票的年度回报率；此外，还包括上年的新增投资 Inv_{t-1}；同时还加入了行业哑变量 $Industry$ 和年度哑变量 $Year$。

根据前文的分析，我们将对模型（4-1）做以下调整：

$$Invest_{i,t}^{\varepsilon} = \beta_0 + \beta_1 Gov_{i,t} + \beta_2 Overemp_{i,t} + \beta_3 Tax_{i,t} + \sum Control_{i,t} + \sum Industry_{i,t} + \sum Year_{i,t} \quad (4-2)$$

$$Invest_{i,t}^{\varepsilon} = \beta_0 + \beta_1 Subsidy_{i,t-1} + \beta_2 Subsidy_{i,t} + \beta_3 Subsidy_{i,t} \times Opp_{i,t} + \sum Control_{i,t} + \sum Industry_{i,t} + \sum Year_{i,t} + \varepsilon_{i,t} \quad (4-3)$$

模型（4-2）用来衡量政府干预与非效率投资之间的关系。Gov 是指政府干预动机，采用樊纲、王小鲁和朱恒鹏（2011）编制的《中国市场化指数》中的"减少政府干预指数"的得分，结合"减少企业税外负担"调整后表示[①]，该得分越高表示政府干预水平越低。使用"市场化指数得分"作为衡量地区间差异的变量。冗员率的处理方法参考曾庆生、陈信元（2006）以及薛云奎、白云霞（2008）文中方法[②]，而税收贡献率则用企业当年的税收额与当地政

---

① 由于樊纲等 2011 年的"减少政府干预指数"采用新方法进行编制，其 2005—2009 年采用同一年的数据代替。这样不具有代表性，所以，笔者选取"减少企业税外负担"这一指标作为调整项，以两者的均值作为政府干预指数。并且其统计的数据截至 2009 年，未公布 2010 年和 2011 年的指数，借用张功富（2011）的处理方法，以 2009 年数据为基础，按照前 5 年的数据变化趋势进行调整，得出 2010 年和 2011 年的政府干预指数。

② 采用曾庆生、陈信元（2006）以及薛云奎、白云霞（2008）衡量冗余雇员的方法。用公司实际雇员规模与预期雇员规模之间的差额来表示冗员率 $Overemp$。通过下列模型表示。

府税收入之比表示。

模型（4-3）中给出了政府补贴与非效率投资的检验模型，加入了 Subsidy 和 Opp 两个哑变量，其中 Subsidy 主要是企业的政府补贴收入。考虑到补贴具有连续性，所以用上一期和本期是否获得补贴来衡量，获得补贴取 1，否则取 0。而 Opp 则是表示投资机会的好坏，以当年的托宾 Q 值为基础，当 Q 值低于行业均值的话，表示企业的投资机会较差；反之则好。

表 4-1　　　　　　　　变量设计

变量名称		符号	变量说明
被解释变量	$Invest_t$		表示企业的新增投资，购置固定资产、无形资产和其他长期资产所支付的现金、购买和处置子公司及其他营业单位所支付的现金、投资支付的现金之和与年初总资产的比值
	$Oveninv$		表示企业的投资过度水平。用模型（4-1）的正残差表示
	$Underinv$		表示企业的投资不足。用模型（4-1）的负残差表示
解释变量	Gov	-	表示地区政府干预的程度。用樊纲、王小鲁和朱恒鹏（2011）的"减少政府干预指数"的得分和"减少企业税外负担"来综合表示
	$Marindex$	-	表示地区市场化程度的变量。采用樊纲、王小鲁和朱恒鹏（2011）的市场化指数得分表示
	$Overemp$	+	表示企业的冗员率水平。
	Tax	+	表示企业的税收贡献率。用企业当年营业税及附加和所得税之和与该地区税收收入之比来表示
	$Subsidy_{t-1}$	+/-	表示企业上年是否获得财政补贴。该变量为虚拟变量，根据企业营业外收入中的政府补贴项目判断，如有值，则取 1，否则取 0
	$Subsidy_t$	+/-	表示企业上年是否获得财政补贴。该变量为虚拟变量，根据企业营业外收入中的政府补贴项目判断，如有值，则取 1，否则取 1
	Opp	+/-	表示企业的投资机会。以当年的托宾 Q 值为基数，当 Q 值低于行业均值的话，就表示其投资机会较差，此时 Opp 取 1，否则取 0

续表

变量名称		符号	变量说明
控制变量	Growth	+	用托宾 Q 值表示。其中，托宾 Q 值的计算方式为：（未流通股数×每股净资产+流通股股数×每股股价+负债的账面价值）÷公司的总资产
	Size	+	公司总资产的自然对数
	Leverage	-	公司的资产负债率，即负债总额/总资产
	Cash	+	公司的现金和交易性金额资产之和与年初总资产的比值
	Age	-	公司的上市年龄
	Return	+	企业的年股票回报率
	OCF	+	企业经营现金净流量与年初总资产比值
	M_fee	+	公司管理费用与主营业务收入的比值
	Occupy	+/-	其他应收款占期初总资产额的比重

第四节 实证检验

一 描述性统计

表 4-2 列示了模型（4-1）的回归结果，公司规模 Size、企业所持有的现金流水平均与新增投资显著正相关。这表明企业的规模越大，其内部资产的替换、外部投资的需求也就越大。Growth 代表企业的成长机会。企业成长空间越大，面临的机会也就越多，其所需的投资额也就越大。负债水平的符号为负，表明较高的债务会加大企业外部融资的难度，对投资水平产生负面的影响。除此之外，其他主要变量与预期一致。

表 4–2　　　　　　　　　预期投资水平回归结果

变量	模型（1）
Intercept	-0.201** (-2.01)
Size	0.048** (2.337)
Leverage	-0.038* (-1.939)
Growth	0.136*** (5.873)
Cash	0.063*** (3.325)
Return	0.024 (0.880)
$Invest_{t-1}$	0.142*** (8.802)
Age	-0.029 (-1.486)
Year	控制
Industry	控制
Adj_R^2	0.093
F	11.897
N	3180

注：***、**和*分别代表在1%、5%和10%的水平上显著；Invest表示当年的投资规模。

在表4–3中，主要列示了相关的描述性统计。样本期间，投资过度的样本量为1035个，占32.55%（1035/3180），投资不足的样本量为2145个，占67.45%（2045/3180）。从两组的Tax均值来看，国有企业的平均税收贡献率占地区税收收入最高水平达到10.91%，说明了国有企业上缴的税收成为部分地方政府重要的财政收入来源。同时，数据显示，拥有政府补贴的国有企业约为80%。这说明国有企业中，拥有补贴的比重较高。政府愿意给国有企业更多的政策性优惠。

表 4-3　　　　　　　　　　描述性统计

变量	投资过度（Overinv）				投资不足（Underinv）			
	最小值	最大值	均值	标准差	最小值	最大值	均值	标准差
Invest	0.0018	1.5156	0.1736	0.3206	-0.2932	-0.0015	-0.0841	0.0646
Gov	0.02	12.99	10.34	1.49	0.02	12.99	10.45	1.51
Marindex	0.38	12.58	8.36	2.03	0.14	12.58	8.47	2.11
Overemploy	-0.0262	0.0527	0.0007	0.0072	-0.0478	0.3370	-0.0003	0.0093
Tax	-0.0021	0.0834	0.0020	0.0056	-0.0052	0.1091	0.0019	0.0071
Size	20.00	25.33	22.12	1.07	19.50	24.90	21.87	1.14
Return	-18.71	156.24	36.69	41.71	-20.60	153.96	42.32	42.02
Leverage	8.87	89.95	55.20	17.02	7.14	100.48	51.84	19.86
Cashflow	-0.3279	0.7667	0.0872	0.1425	-0.2903	0.3672	0.0510	0.1258
M_fee	0.0053	0.3862	0.0757	0.0573	0.0085	0.4553	0.0800	0.0682
Occupy	0.0002	0.1848	0.0181	0.0234	0.0002	0.1801	0.0204	0.0303
Subsidy$_{t-1}$	0	1	0.79	0.4066	0	1	0.78	0.4134
Subsidy	0	1	0.88	0.3226	0	1	0.85	0.3540
Opp	0	1	0.62	0.4850	0	1	0.49	0.5000
Opp×Subsidy	0	1	0.55	0.4980	0	1	0.57	0.4960

二　政府干预的影响

假设 4-1 主要围绕中央和地方的干预动机与非效率投资之间的关系展开叙述。我们将样本分为三组，第一组是全样本，包含中央和地方企业。第二组则是针对中央国有企业来进行回归，第三组则是地方组。全样本中，政府干预指数与投资过度的系数为 -0.049，并在 10% 的水平上显著。为了进一步研究这种负相关关系，将分别从中央组和地方组进行考察，中央组的结果并不如地方组的结果显著，这说明地方政府的干预动机与投资过度之间的关系更大。同样，针对政府干预与投资不足之间的关系，表中更明显的则是地方组。地方组在 5% 的水平上显著，但其符号为负。这说明政府干预的动机越强，投资不足的程度更大，这与假设4-1相悖。①

在表4-5中，列示了市场化指数与非效率投资的实证结果。投资过度组中，市场化指数变量系数为负，且在5%的水平上显著。说明市场化程度越弱，该地区的政府与企业之间、市场之间的关系越复杂，国有企业受到非市场因素的干预就会越多。政府为了地区政绩的增长，提高各项考核指标，通过对国有企业的直接或者间接控制来实现目标。市场化发展程度弱的地区，信息的不透明也给政府干预提供了条件。投资不足组的回归结果中，市场化指数的系数为-0.011，说明市场化程度越高，投资不足的水平越小。地区市场化水平越高，企业之间的竞争越充分，金融市场、要素市场等发展水平越高。国有企业置身于较发达的市场环境中，更多地以市场竞争机制为主，受到政府干预的程度弱。

表4-4 中央政府与地方政府干预动机差异与非效率投资

组别	全样本		中央组		地方组	
变量	Overinv	Underinv	Overinv	Underinv	Overinv	Underinv
Intercept	-0.071 (-0.329)	0.089*** (3.220)	-0.343 (-0.663)	0.111* (1.817)	-0.103 (-0.651)	0.152*** (5.506)
Gov	-0.049* (-1.784)	0.00 (-0.35)	0.004 (0.103)	0.004 (0.111)	-0.06* (-1.705)	-0.05** (-2.384)
Size	0.05 (1.537)	-0.36*** (-3.11)	0.053 (0.993)	-0.045 (-1.090)	0.059 (1.377)	-0.064*** (-2.946)
Leverage	-0.13*** (-4.397)	-0.209*** (-11.4)	-0.079 (-1.588)	-0.166*** (-3.860)	-0.084** (-2.143)	-0.193*** (-9.124)
OCF	0.089*** (3.355)	-0.025 (-1.442)	0.016 (0.0368)	-0.016 (-0.457)	0.157*** (4.401)	-0.012 (-0.591)

---

① 为了方便描述回归结果，在进行描述性统计和线性回归时，将投资不足加绝对值，以表示为正值。所以表4-4中的结果为负，说明政府干预与投资不足具有正向的促进作用（政府干预指数为负指标）。

续表

组别	全样本		中央组		地方组	
变量	Overinv	Underinv	Overinv	Underinv	Overinv	Underinv
Return	0.137***	0.042	0.04	0.111*	0.184***	0.007
	(3.019)	(1.429)	(0.557)	(1.857)	(3.316)	(0.222)
M_fee	−0.026	0.048**	0.002	0.04	−0.001	0.03
	(−0.858)	(2.514)	(0.035)	(1.106)	(−0.018)	(1.571)
Occupy	−0.009	0.003	−0.067	−0.022	0.006	−0.016
	(−0.291)	(0.152)	(−1.389)	(−0.555)	(0.144)	(−0.787)
Year	控制	控制	控制	控制	控制	控制
Industry	控制	控制	控制	控制	控制	控制
Adj_R^2	0.348	0.471	0.064	0.419	0.107	0.451
F	19.415	59.884	17.48	15.650	8.286	43.391
N	1035	2145	261	589	774	1556

注：***、**和*分别代表在1%、5%和10%的水平上显著。

表4−5　　　　区域间差异与非效率投资实证结果

变量	Overinv	Underinv
Intercept	−0.005	0.129***
	(−0.026)	(5.047)
Marindex	−0.057**	−0.011
	(−2.208)	(−0.579)
Size	0.029	−0.057***
	(0.903)	(−2.932)
Leverage	−0.110***	−0.2***
	(−3.798)	(−10.482)
OCF	0.088***	−0.016
	(3.310)	(−0.864)
Return	0.110**	0.04
	(2.499)	(1.316)
M_fee	−0.028	0.026
	(−0.885)	(1.502)

续表

变量	Onverinv	Underinv
Occupy	0.002	-0.006
	(0.066)	(-0.358)
Year	控制	控制
Industry	控制	控制
Adj_ R^2	0.342	0.393
F	18.896	47.186
N	1035	2145

注：***、**和*分别代表在1%、5%和10%的水平上显著。

从企业来看，我们从政策性负担和税收贡献率两个角度进行分析。表4-6中主要是在模型中加入了 Tax 和 Overemp 两个变量，分别在 A 栏、B 栏和 C 栏中列示了各自以及综合的回归结果。从 A 栏和 C 栏可以看出，变量 Tax 无论是单独还是综合回归，都在5%的水平上保持显著。而 Overemp 虽然与投资过度的符号为正，但并不显著。这种现象可能是由于我们选取的冗员率衡量方式所导致的。我们用实际雇员水平偏离预期雇员水平的差值来表示企业冗余雇员的水平，其差值可能为正也可能为负。这就在一定程度上影响了结果的准确性和可靠性。

表4-6　　　企业政策性负担与非效率投资实证结果

变量	Overinv		
	A 栏	B 栏	C 栏
Intercept	0.014	-0.11	0.014
	(0.078)	(-0.05)	(0.08)
Gov	-0.05	-0.069*	-0.05
	(-1.316)	(-1.864)	(-1.317)
Tax	0.078**		0.078**
	(1.977)		(1.976)
Overemp		0.004	0.004
		(0.111)	(0.114)

续表

变量	Overinv		
	A 栏	B 栏	C 栏
Size	0.026	0.061	0.026
	(0.558)	(1.428)	(0.557)
Leverage	-0.076*	-0.086**	-0.077*
	(-1.940)	(-2.203)	(-1.942)
OCF	0.157***	0.158***	0.113***
	(3.303)	(4.411)	(4.07)
Return	0.120***	0.18***	0.177***
	(4.407)	(3.056)	(3.008)
M_fee	-0.003	-0.003	-0.003
	(-0.083)	(-0.081)	(-0.080)
Occupy	0.003	0.007	0.003
	(0.081)	(0.166)	(0.081)
Year	控制	控制	控制
Industry	控制	控制	控制
Adj_R^2	0.113	0.108	0.112
F	4.169	4.022	4.033
N	744	744	744

注：***、**和*分别代表在1%、5%和10%的水平上显著。

三 政府补贴的影响

我们对政府补贴的作用进行了分析，结果如表4-7所示。该表划分为两组：一个是投资过度的回归结果，另一个是投资不足的回归结果。在表4-7中，$Subsidy_{t-1}$和$Subsidy_t$这两个变量表示的是企业上期和本期是否获得政府补贴，其与投资过度的符号为负，并不能说明政府补贴的作用如何。所以，本章继续在模型中加入了Opp与Subsidy的交叉项，结合企业的投资机会进一步回归。通过检验Opp与Subsidy的交叉项来说明投资机会的好坏是否能够影响政府补贴的效用。回归结果显示，两者的交叉项在1%的水平上显著，且

表4-7　　　　　　　政府补贴与非效率投资实证结果

变量	Overinv	Underinv
Intercept	-0.23	0.09***
	(-0.098)	(3.385)
$Subsidy_{t-1}$	-0.009	-0.13
	(-0.288)	(-0.608)
$Subsidy_t$	-0.06*	-0.16
	(-1.879)	(-0.705)
Opp×Subsidy	0.08***	-0.53***
	(2.858)	(-2.714)
Size	0.48	-0.49***
	(1.494)	(-2.568)
Leverage	-0.125***	-0.203***
	(-4.238)	(-10.983)
OCF	0.09***	-0.026
	(3.361)	(-1.454)
Return	0.151***	0.048
	(3.375)	(1.635)
M_fee	-0.027	0.035*
	(-0.91)	(1.803)
Occupy	-0.02	0.001
	(-0.671)	(0.06)
Year	控制	控制
Industry	控制	控制
Adj_R^2	0.349	0.412
F	18.902	47.933
N	1035	2145

注：***、**和*分别代表在1%、5%和10%的水平上显著。

与投资过度正相关。这说明拥有政府补贴的国有企业,在投资机会差的时候,会为了实现政府的社会性目标或者满足官员的晋升要求,进行扩张性投资。这也验证了假设4-4。政府为了支持地区产业的发展,促进当地经济发展,避免企业亏损或者破产而对企业进行各种支持。尤其是为了避免上市公司亏损所带来的退市风险,政府补贴便成为支持企业的经济手段。投资不足一组回归的结果验证了之前的假设。$Subsidy_{t-1}$ 和 $Subsidy_t$ 的系数分别为 -0.13 和 -0.16,与投资不足负相关。这说明拥有补贴的国有企业能够在一定程度上缓解企业的融资约束,降低投资不足的程度。此组中,Opp代表好的投资机会,与投资过度中的 Opp 不同。其与补贴的交叉项系数为 -0.53,在 1% 的水平上显著,这说明政府补贴能够缓解国有企业的投资不足,尤其是对于那些投资机会好的企业,缓解的程度更大。这从另一个角度说明了政府对国有企业的支持作用,验证了其能够缓解国有企业的投资不足,支持了假设4-5。

为了检验结果的稳健性,我们使用替代变量对主要的解释变量进行替换,并再次进行回归。(1) 通过财政赤字和失业率对政府干预动机进行替换。财政赤字和失业率高的地区,政府有更大的干预动机进行干预。(2) 对政府补贴的衡量方式进行替换。通过政府补贴与主营业务收入的比例作为变量替换虚拟变量。在使用上述方式替代后,结果较为稳健,这说明该实证结果具有可靠性。鉴于本书篇幅,相关过程不再赘述。

第五节 政府对国有企业投资效率影响的双面性

政府与国有企业之间具有千丝万缕的关联。其既表现出支持企业的一面,又存在掠夺资源的一面。为了促进区域产业的发展、保护上市公司的资源优势,政府会对企业进行支持,尤其是面临融资约束或者 ST 危机时。同时，为了获得地区经济的发展、实现社会的稳定以及官员个人的政治晋升，政府又会对企业的投资行为进行干预。基于此，通过对政府干预动机以及干预路径进行分析，更清晰地展示政府与企业之间的内部关系。通过对 2007—2011 年 636 家国有上市公司的数据进行分析，我们发现，政府对国有企业投资效率的影响具有双面性：

（1）政府干预动机越大，国有企业的非效率投资程度越大。相比中央政府，地方政府在经济目标、社会目标以及官员私利的推动下，具有更强的动机对国有企业伸出"罪恶之手"。而地区间发展差异也会造成不同的干预动机。地区发展程度越差，市场化程度以及信息透明度较弱，也为政府提供了更强的动机。最后从企业层次，对政策性负担与投资过度的关系进行了进一步的分析。税收贡献率与投资过度具有正向关系，而冗员率水平并不能很好地得到检验。

（2）政府补贴作为一种直接的政府干预手段，其对企业作用并非是唯一的。投资机会好的国有企业，政府补贴能够缓解企业的融资约束，从而减弱投资不足的程度；而投资机会差的国有企业，政府补贴并没有起到支持作用，而与投资过度呈现出正相关关系。

第五章 多元化、金字塔结构与投资效率

在我国,国有企业集团扮演着双重角色。它不仅是不完善的外部市场与独立企业之间的中介组织,还是政府宏观管理与企业微观活动之间的中层操作者。一方面,与只能在外部资本市场进行交易的独立企业相比,企业集团可以利用内部资本市场进行资本配置,既可以获取信息优势又可以节约交易成本,因此,企业集团能够利用内部市场代替外部市场,是外部市场与独立企业间的中介。另一方面,就我国而言,企业集团契合了政府放权的需要,担任起出资人角色,本章解决了国有企业的所有者缺位问题。通过"政府—企业集团—国有企业"三级管理体制,政府通过掌控少数大型企业集团实现了对众多中小国有企业的间接控制,因此企业集团还是政府与国有企业间的中介。

与独立企业相比,企业集团具有许多优势,比如,集团能够利用其内部资本市场优势,构建资本运作平台,实现各个企业之间的协调互动,更好地完成资金筹集和资本配置,从而降低企业的交易成本、缓解企业面临的融资约束;集团企业具有规模经济和多元化效应,其业务活动范围可以覆盖多个地域、多个行业,能够帮助成员企业的投资活动打破地域壁垒和行业壁垒,本章解决了企业的投资不足问题;集团总部(即母公司)作为"群龙之首",负责战略规划以及投融资等重大决策的制定,集团内所有企业在总部的统一规划下协调有序运营,可以提高投资决策的科学性,提高投资效率。

然而,在具体运行、操作过程中,我国国有企业集团也表现出

许多不足。大多数企业集团经济实力还比较弱，难以发挥投资中心作用。一些企业集团"贪大图快"，只追求形式上的"做大做强"，盲目投资扩张，但效率却十分低下，不但没有发挥资本配置的优势，反而导致了资本配置失当。另外，企业集团在利用内部资本市场进行资本配置时，本身也存在一些问题，如"交叉补贴"或"平均主义"，甚至可能加重代理冲突，为控股股东侵占中小股东利益提供便利。

在投资效率低下问题非常普遍、各种治理机制对非效率投资的抑制功能较弱、"高投资、低效率"的问题一直困扰着国有企业的我国，企业集团究竟扮演了什么样的角色？这一问题值得深入探讨。本章从这一角度出发，以附属于企业集团的国有上市公司为研究对象，深入剖析企业集团的投资运作模式，探究企业集团的功能属性（资金融通）和结构特征（多元化水平、金字塔层级）对成员企业投资活动及投资效率的影响。

基于此，本章以2011—2013年沪深两市附属于集团的国有上市公司为样本，从集团内部成员企业间现金流的"互动"、集团层面的多元化程度和集团成员企业的金字塔结构三方面探究集团模式运营下对成员企业投资及投资效率的影响。研究结果表明：（1）某一成员上市公司的投资水平与其自有现金流水平高度相关，但与其他成员企业的现金流水平相关性较弱；（2）多元化程度与投资过度显著正相关，集团层面进行的多元化扩张加重了其成员企业的投资过度水平，但多元化水平对投资不足没有显著影响；（3）金字塔层级与投资过度显著负相关，说明在集团控制下的国有企业中，金字塔层级可以在一定程度上抑制投资过度的发生，但金字塔层级对投资不足没有显著影响。

本章的研究贡献主要表现为：第一，为研究我国国有企业的投资效率问题提供一个新的视角。关于我国国有企业投资效率问题的研究，大多是从公司治理、内部控制、政府干预等影响因素角度入手进行研究，而很少有研究深入到国有企业内部，去关注某一类型国有企业的投资差异及投资效率问题。我们希望通过引入企业集团这一概念，从新的角度去分析我国国有企业的投资效率问题，以期进一步丰富已有的研究成果。第二，拓展了有关企业集团资本配置的经济后果的研究。本章以国有资本投资效率问题的研究为核心，拓展了关于企业集团资本配置的效益与成本研究的范围和视野，丰富了企业集团理论研究的相关文献。第三，探讨企业集团的组织特点对投资效率的影响机制。本章深入剖析企业集团特有的组织特点，从资金融通、多元化水平和金字塔层级三方面展开研究，通过理论分析和实证检验厘清企业集团的组织特点对投资及投资效率的影响机制，不仅丰富了相关理论研究，还为进一步深化国有企业改革提供了政策启示。

第一节 国有企业集团及其资本配置功能

一 制度安排与企业集团特征

科斯（1937）和威廉姆森（1975）针对企业存在的原因提出了著名的交易成本理论，并阐明交易成本的发生源于市场的失灵。在此基础上，莱夫（Leff，1978）提出了企业集团产生原因的"市场失灵观"，他认为，企业集团的产生是为了应对外部市场的失灵，是一种制度安排。卡纳和帕莱普（Khanna and Palepu，1997）认为，很多国家都存在某种制度上的缺失，这种缺失不利于企业的发展，而企业集团的产生则可以弥补制度上的缺失。因为独立企业只能在外部资本市场中进行投融资运作，而信息不对称等问题的存在使交易成本较高，企业面临的投资风险较大；而企业集团利用内部资本市场进行资本配置，减少了信息不对称导致的不利影响，并节约了交易成本，可以降低投资风险、提高投资效率（杨棉之，2007）。相对于发达国家，新兴市场的信息不对称和代理冲突问题比较严重，信息沟通不畅、公司治理机制差、对投资者保护不力等"市场失灵"现象普遍存在,新兴市场国家的制度设计和完善程度存在很大欠缺,交易成本很高,因而企业集团这种组织形式在新兴市场国家非常普遍（Tarun Khanna, Krishna Palepu, 2000; Tarun Khanna, Yishay Yafeh, 2007; 辛清泉等, 2007; 等等）。有关企业集团的经典理论认为,企业集团是联结市场和企业的中介组织,在一定条件下,企业集团能够通过市场协调代替企业内部协调,降低企业的行政费用,又不增加市场交易费用,从而使经济运行的费用降低,这就是企业集团得以产生、发展的根本原因所在（胡雄飞, 1995）。菲斯曼和卡纳（Fisman and Khanna, 1998）发现,在市场机制不完善的地区,集团企业的规模优势和内部资本市场交易可以有效地降低交易成本。

我国是一个典型的新兴市场国家,同时我国也处于计划经济向市场经济转轨的特殊时期。在新兴加转轨的双重背景下,企业集团被赋予了一些特殊的意义。一方面,转型时期的我国存在很多制度弊端,政府干预经济的现象比较严重（刘媛媛、马建利, 2013）,尤其是国有企业,产权关系混乱,几乎完全在政府的掌控之下,真正的所有者缺位（魏明海、柳建华, 2007）。通过设立企业集团,政府实现对企业的间接控制（武常岐、钱婷, 2011）,这在一定程度上削弱了政府的直接干预,减少了所有者缺位带来的影响（蒋卫平, 2006）。因此,可以将企业集团看作是推动经济转型的一种手段。另一方面,我国的国有企业集团,自设立之初便承担着重要的历史使命。政府积极组建企业集团旨在将国有企业做大做强,形成规模经济,以在我国国民经济发展中发挥中流砥柱的作用并提高我国国有企业的国际竞争力（廖幼鸣, 1989）,是政府推动经济快速增长的一种工具。由此可见,企业集团在我国经济中普遍存在且意义重大。

在不同的制度背景下产生的企业集团具有不同的形式和特点（蒋卫平, 2006）。有些集团高度多元化,另一些则高度专业化;有些集团采用金字塔结构实施控制,另一些则通过交叉持股横向连接在一起；有些集团与银行等金融机构联系密切，另一些则不然（Tarun Khanna，Yishay Yafeh，2007；陈文婷，2010）。在美国，"企业集团"这一称呼并不流行，集团多以"大型联合企业"的身份存在（陈文婷，2010）。美国的外部资本市场比较发达，多元化企业并不具有较多优势，其企业集团经历了从多元化回归专业化的过程；在战后日本的企业集团中，多采用法人相互持股模式（金成晓、纪明辉，2008），结构为垂直或水平两种类型，集团内包括银行；韩国的企业集团典型地由一个或少数几个家族控制，一律垂直管理；中国台湾的企业集团则规模较小，结构松散（Lisa A. Keister，1998）。我国国有企业集团的建立较多地借鉴了日本的垂直式企业集团模式（中国国有企业集团代表团，1994）以及韩国集团模式。在"新兴加转型"的双重背景下，我国国有企业集团最初是在政府干预和引导下建立起来的，特殊的制度背景决定了我国大量企业集团与政府之间存在剪不断的关系，属于国有性质。政府通过国有企业集团以多级母子公司的形式实现了对大量国有企业的间接控制（武常岐、钱婷，2011），形成我国独特的"政府—企业集团—国有企业"三级管理体系（蒋卫平，2006）。另外，我国的企业集团多元化现象比较普遍，且集团享有可设立财务公司的特权（朱武祥，2001）。

二　企业集团的作用：内部资本市场

内部资本市场的研究最早可追溯到阿尔钦（1969）和威廉姆森（1975）。阿尔钦（1969）认为，美国一些联合大企业的发展应归功于其内部资本市场。因为内部资本市场可以规避投资项目的信息披露问题和激励问题，具有融资优势，可以在企业内部实现有效的资本配置。威廉姆森（1975）将内部资本市场的优势总结为三个方面：获取的信息质量高、能够实现资源的有效配置以及可以规避法律法规的限制。

企业集团的产生与发展与其内部资本市场密切相关，企业集团的功能主要借助其内部形成的资本市场才得以发挥，内部资本市场的存在是企业集团有别于其他组织形式的一个重要特征。学术界关于企业集团内部资本市场的讨论主要集中在其资本配置功能上,并形成了两大主流观点:一是内部资本市场有效论;二是内部资本市场无效论。

(一)有效论

内部资本市场资本配置的有效性主要表现在两个方面:一是企业集团能够利用内部资本市场进行资金分配,可以缓解成员企业的融资约束,改善其投资不足问题,即集团内部资本市场具有"更多货币"效应;二是集团具有信息优势,资本配置决策的效率相对较高,可以把资金分配到投资收益更高的项目上,从而提高投资效率,即内部资本市场具有"更优货币"效应(王化成等,2011)。

Mayers 和 Majluf(1984)认为,信息不对称的存在,使得拥有较少信息的外部投资者不能够完全了解投资机会的价值,因此可能会在决策时出现失误而放弃好的机会,这就意味着公司无法筹集到投资所需的资金,因而造成投资不足。通过构建大型企业集团,形成内部资本市场,进行内部资金配置,可以为较好的投资项目提供资金支持,发挥"更多货币"功能,缓解外部资本市场存在的融资限制并减少交易成本(Stein,1997)。另外,集团总部可以进行"优胜者选拔",使得拥有良好投资机会的企业可以优先获得资金,从而实现"更优货币"效应(Stein,1997)。Hoshi 等(1991)通过研究日本企业集团发现,附属于集团的企业由于可以更容易地获得集团内金融机构的财务支持,因而减轻了信息不对称和激励问题,使得投资—现金流的敏感性下降。蒋卫平(2006)认为,企业集团可以增强所控制公司(即子公司)的负债能力,缓解融资约束,提高其财务绩效,提升企业价值。此外,我国还有很多研究都基于对具体案例的分析证实了内部资本市场在缓解融资约束方面的功能,如周业安、韩梅(2003),李焰、陈才东、黄磊(2007)等。杨棉之、孙健、卢闯(2010)采用现金流敏感性法,证实我国国有企业集团的内部资本市场运作较为活跃,并且国有企业的内部资本市场配置效率要优于民营企业。

（二）无效论

内部资本市场在具有缓解融资约束、加强内部资金配置等功能的同时，也具有加重代理冲突的负面效应。其负面效应也表现为两个方面：一是在代理冲突普遍存在的情况下，经理层出于建造"企业帝国"等目的，往往具有投资过度的倾向（Jensen，1986；唐雪松等，2007；等等），内部资本市场资金配置的便利很可能沦为经理谋取私利的工具，加剧经理的投资过度行为；二是集团在内部进行资本配置时很可能出现"交叉补贴"或"平均主义"等现象，并引发"寻租"行为、利益输送等问题，使得内部资本市场配置无效（杨棉之，2007；钱雪松，2013）。

Shin 和 Park（1999）发现在韩国，一些缺乏良好投资机会的成员企业反而获得了较多资金支持，造成了投资过度，其集团内部资本市场是无效率的。叶康涛、曾雪云（2011）认为，在我国，内部资本市场本应具有的积极作用非但没有得到有效发挥，反而导致了大股东利益侵占、资本配置低效等诸多问题。诸多学者认为，企业集团可以通过内部资本市场进行关联交易，这为控股股东的"掏空"行为大开方便之门（李增泉，2004；辛清泉、郑国坚和杨德明，2007；等等）。Bae 等（2002）发现，企业集团内部的并购活动可以为控股股东获取更多股权提供助益。杨棉之（2006），万良勇、魏明海（2006），邵军、刘志远（2007），许艳芳、张伟华、文旷宇（2009）以案例研究方式证实集团的内部资本配置基本无效，并异化为控股股东攫取控制权私利、侵占中小股东的工具。也有研究指出，在现实世界中，由于人都是有限理性的，集团总部并不总能做出最佳决策，它也可能对投资信息做出错误判断，使"优胜者选拔"机制失效（周业安、韩梅，2003）。

三 集团特征对其资本配置功能的影响

Tarun Khanna 和 Yishay Yafeh（2007）将有关企业集团的研究划分为三个维度：集团结构、所有权与控制权关系、集团与社会的交互作用。所有这些特征都会对集团的内部资本配置功能产生一定的影响，其中，集团的多元化程度与所有权结构是学者研究与关注的重点。

（一）多元化

多元化是可以应对技术更新快、国际竞争加剧、市场需求变化快的一种有效方法（朱武祥，2001）。多元化经营可以实现内部融资，分散投资风险，优化企业现金持有水平（王福胜、宋海旭，2012）。张纯、高吟（2010）通过统计分析我国2001—2008年的数据发现，我国的多元化表现出明显的上升态势。多元化的发展可以扩大内部资本市场资金运作的空间，从而促进了内部资本市场的发展（王蕾，2006）。同时，王蕾（2006）也指出，当多元化程度过高时，组织规模过大，信息传递成本增加，会降低内部资本市场的作用。

Tarun Khanna和Krishna Palepu（2000）在研究了印度的企业集团之后，发现附属集团企业的业绩显著优于独立企业的业绩，但是，随着集团多元化程度的增加，成员企业的价值呈现出先减后增的趋势。史蒂芬·P. 费里斯等（Stephen P. Ferris et al.，2001）发现，韩国的多元化企业集团表现出"多元化折价"现象，具有价值减损效应，原因有三点：一是多元化企业集团追求盈利稳定而非利润最大化；二是对一些前景较差的行业进行投资过度；三是对集团内业绩较差企业的交叉补贴。

在我国，王峰娟、邹存良（2009）认为，多元化程度与内部资本市场配置效率呈倒"U"形关系，当企业集团的多元化程度超过一定程度之后，其在信息、监督等方面的优势会减弱，会降低其内部资本市场的配置效率。肖星、王琨（2006）以来自派系上市公司的经验证据证明集团模式多元化的经营方式（集团层面多元化，成员企业层面专业化）可以显著提高成员企业的价值。而姚俊、吕源、蓝海林（2004）则以我国593家上市公司为样本实证证实多元化程度与资产回报（ROA）显著负相关。

(二) 所有权结构

企业集团不利的一面主要表现为其复杂的所有权结构和控制结构，使企业集团这种组织形式不仅催生了集团总部与成员企业之间的代理问题，还加重了控股股东与中小股东之间的代理问题（辛清泉、郑国坚、杨德明，2007）。由于股东与管理层之间代理冲突的存在，管理者可能从自身利益角度出发来决定是否利用手中掌握的资源进行投资，就可能导致投资过度（Jensen，1986）。类似地，控股股东与中小股东之间的代理冲突也会导致投资过度，且控股股东控制权与现金流权的分离进一步加剧了这种状况（俞鸿海、徐龙炳、陈百助，2010）。企业集团中存在的双重代理问题使内部资本市场配置失效（王化成等，2011），导致投资效率低下（Walker，2005），严重损害了企业的价值。而且，企业集团存在的这一问题在制度基础薄弱的新兴市场表现得更为明显（Stijn Claessens，Joseph P. H. Fan，Larry H. P. Lang，2006）。Tarun Khanna 和 Yishay Yafeh (2007) 认为，在新兴市场中，金字塔集团与控股股东的"掏空"行为之间存在密切关系。因为在金字塔结构的企业集团中，控股股东的控制权与现金流权分离更大，加之新兴市场法律机制不健全、对中小投资者保护不足，使控股股东侵占中小股东利益成为新兴经济体的一个典型特征。李增泉等（2004）以我国为研究对象，也发现与独立企业和民营企业相比，附属于企业集团的国有企业被控股股东占用了更多的资金。

然而，武常岐、钱婷（2011）分析了集团控制对我国国有企业的影响机制，证实集团控制可以减轻管理层的代理问题，但也会加重股东间的代理问题，而外部监管的强化可以缓解其负面影响机制。辛清泉、郑国坚、杨德明（2007）认为，我国的企业集团具有效率促进和恶化分配效应的两面性：一方面提高了成员企业的投资效率，另一方面损害了成员企业的市场价值。

(三) 其他方面

围绕着企业集团这一中心，一些学者还从其他许多方面进行研究，进一步拓展了企业集团研究的思路和范围。比如，Ma 等（2006）认为，企业集团可以厘清国有企业的产权关系，提高企业绩效；Stijn Claessens，Joseph P. H. Fan 和 Larry H. P. Lang（2006）以东亚九个国家的企业集团为研究对象，发现新成立的、快速增长的成员企业并不能从其附属集团中获益，但财务受限的企业可以从附属集团中获益；Joh（2003）认为，企业集团可能会削弱公司治理的有效性；蒋卫平（2006）认为，在我国，企业集团可以弥补外部市场的不足，解决国有企业的"所有者缺位"问题，有利于提高经济效率，发挥积极作用。

四 小结

通过以上讨论，可以发现：

（1）关于企业集团的研究没有定论。无论是关于内部资本市场配置资源的有效性还是关于集团是否能从多元化中获益，学术界并没有得到一致的结论。内部资本市场在发挥优势功能的同时也存在一些弊端，而多元化水平、金字塔层级既可能产生有利影响，也可能产生不利影响。其原因在于处于不同制度背景下的企业集团，会采用不同的运作方式，因而就会产生不同的经济后果，而处于同一制度背景下的企业集团，也可能因为管理方式、经营战略的不同，使其利弊影响此消彼长。

（2）有关企业集团经济后果的研究一般止步于内部资本市场资源配置的效率或集中在对企业价值（如 ROA、托宾 Q 值）的影响上，具体到对投资效率影响的研究则很少。

（3）基于企业集团规模的庞大、结构的复杂以及内部资本市场运作的复杂性，有关企业集团的实证研究相对较少，许多研究都是以规范分析和案例分析形式展开。虽然集团经营模式对资本配置效率可能产生影响的理论分析已相对较完善，但实证检验却相对较缺乏，在我国更是如此。

第二节 作用机理与后果

一 企业集团与投资——现金流敏感性

MM 定理认为,在完美的资本市场中,交易无摩擦且无成本,企业的价值与融资方式无关(Modigliani and Miller,1958)。这意味着企业的投资决策应完全取决于其投资机会,而不必考虑自有资金的多少以及采用何种方式融资。然而,在现实中,资本市场存在很多缺陷,信息不对称和代理问题相当普遍。资本市场的不完美使企业的投资受多种因素的影响,而资金是最直接、最重要的因素之一,因为企业的投资活动离不开资金的支持。根据优序融资理论,在信息不对称且交易存在成本的情况下,企业会优先选择内源融资方式,其次是债务融资。因此内部现金流的充足程度直接影响到企业的投资活动(肖珉,2010)。

另外,在内部现金流不足的情况下,企业需要通过外部融资获取资金支持,但是,由于信息不对称以及股东的存在,外部投资者处于信息劣势,为了保护自己的权益不受侵害,债权人会要求较高的投资溢价并为融资设置许多的条件限制(如信用审核、资金用途限制),使企业融资困难或者融资成本过高,即企业的投资活动常常受融资约束的限制(童盼和陆正飞,2005)。

企业集团一般具有规模大、实力强、资金实力雄厚的特点。其形成的内部资本市场为集团提供许多优势。由于可以缓解外部资本市场存在的信用约束,企业集团内部资本市场在缓解融资约束方面的功能已得到广泛认可(杨棉之,2007),且在外部资本市场不发达的国家,这一作用更为明显。在集团内,以总部(母公司)为核心,将资源在各个成员企业之间进行灵活配置,可以发挥内部资本市场的资源配置功能。衡量集团企业内部资本市场资源配置效率的主要标准就是看拥有良好投资机会的成员企业是否能够获得较多的配置资本，使其投资不会受到自身现金流量多少的限制（杨棉之、孙健和卢闯，2010）。这说明，附属于集团的成员企业的投资活动不仅仅局限于自身的现金流量，还可以较容易地从集团内其他成员企业获得资金支持。尤其当集团内存在金融机构时，这种作用更加明显。因此，可以预期，在集团内，某一成员企业的投资不仅与自身现金流相关，而且与其他成员企业的现金流相关。提出假设如下：

假设5-1：在同一集团内，某一成员企业的投资不仅与自有现金流显著正相关，还与其他成员企业的现金流存在正相关关系。

二 集团多元化程度与投资效率

企业集团多元化发展的进程本身就是一种投资驱动行为，通过向不同领域进行投资，业务范围不断扩展，便形成了多元化态势。已有研究表明，企业采用的多元化发展战略既可能产生积极影响，也可能产生消极影响。积极影响表现为：

第一，多元化企业可以构建有效的内部资本市场，形成规模经济，提高对外融资能力，从而提高企业价值；

第二，多元化经营可以改善投资不足；

第三，多元化经营可以分散投资风险，降低企业面临的经营风险。

消极影响表现为：

第一，多元化可能导致各成员企业间的"交叉补贴"或"社会主义"，不利于提高投资效率；

第二，多元化可能成为管理层扩张经营规模、构建"企业帝国"、谋取更多私利的一种手段；

第三，"多元化折价"现象的存在已被许多实证研究所证明。

多元化战略是现代企业常采用的一种成长方式。在新兴市场国家中，企业集团普遍采用多元化发展战略（Tarun Khanna，Krishna Palepu，2000），因而，企业集团常被看作是多元化的企业实体。多元化企业集团因涉及多个行业而在集团内部形成了小型的资本市场，即内部资本市场。多元化企业集团可以通过内部资本市场进行资本配置，做出投融资安排，在信息、监督、激励等多方面具有优势（Williamson，1975），在一定程度上弥补了外部市场的不足。已有研究表明，外部市场机制越不发达的地区，多元化企业集团越普遍（姚俊等，2004；Tarun Khanna and Yishay Yafeh，2007）。也就是说，在外部市场机制存在很多缺陷的我国，通过多元化和内部资本市场来配置资源可能比外部市场更有效，多元化的优势很可能大于其弊端（陈文婷，2010）。而且，在我国，实力雄厚、声誉较佳、品牌知名度较高的国有企业集团可以吸引到优秀的人才、获得政府和银行的支持，开发的新产品、拓展的新业务也容易为消费者所认识和接受，多元化运作的资本配置效率更高，投资收益更好（朱武祥，2001）。从这个角度来讲，可以预期，多元化投资可以改善我国面临的投资效率低下问题，尤其是投资不足问题。

但是，多元化扩张战略并不总是能产生积极影响。在代理问题比较严重、公司治理水平低下的我国，多元化战略很可能被管理层利用，成为管理层构建"企业帝国"、谋取个人私利的一种手段（张纯和高吟，2010）。对于政府干预色彩浓厚的国有企业来讲，大型国有企业集团一直担负着将我国国有企业"做大做强"、提高我国国有企业国际竞争力的重大使命，其多元化扩张有利于将企业"做大做强"、形成庞大的规模经济优势，但能否提高经济绩效却不得而知。而且，在这些多元化企业集团内部，组织规模过大，会降低信息传递效率，势必影响到集团的内部资本配置优势，子公司的增加会使内部竞争加剧，"交叉补贴"现象难以避免（王峰娟和邹存良，2009）。因此，我国国有企业集团的多元化扩张战略很可能是一种不合理的行为，盲目的多元化扩张会导致投资效率低下，即投资过度严重。

基于以上分析，提出如下假设：

假设5-2：从集团层面来讲，多元化水平与成员国有企业的投资过度正相关。

假设5-3：从集团层面来讲，多元化水平与成员国有企业的投资不足负相关。

三 成员企业金字塔层级与投资效率

非效率投资问题与企业中存在的代理冲突密切相关。在股权相对集中的国家或地区，如我国，控制性大股东不仅拥有所有权，还掌握了极大的管理权，这一天然优势使得控制性大股东有动机、有能力攫取控制性私利，侵占中小股东利益，因此控股股东与中小股东之间的代理问题更为突出（俞红海、徐龙炳、陈百助，2010）。

金字塔结构是一种多层级、多链条的控股结构。企业集团往往采用金字塔结构实现对众多成员企业的控制。在金字塔形企业集团中，不仅控制性大股东的控制权与现金流权之间存在非常大的距离，使两权分离度较高（新兴市场中的企业集团），而且金字塔股权结构明确了产权关系，集团总部（即母公司）作为控股股东（武常岐和钱婷，2011），其控股股东地位更加明确，这些都使控股股东获取控制性资源、攫取控制权收益的侵占动机更强（余明桂和夏新平，2004），控股股东与中小股东之间的代理冲突更为严重。因此，集团内部进行的较为频繁的资本配置行为很可能会沦为控股股东掏空的工具而偏离企业的价值最大化（杨棉之、孙健和卢闯，2010）。在投资领域，控股股东可能会盲目投资、扩大规模，通过各种非效率投资行为实现其掏空动机。另外，由于集团内部资本市场的存在，内部交易活动相当频繁，控股股东可以更容易地通过关联投资将资源转移出企业，谋取个人私利，实现"掏空"动机（柳建华、魏明海、郑国坚，2008）。从这个角度来讲，金字塔持股结构会加重企业的非效率投资问题。

但是，上述分析忽视了一个很重要的因素——上市公司投资活动所处的制度环境（程仲明、夏新平、余明桂，2008）。近三十年来，虽然国有企业改革取得了很多成果，但我国国有企业还没有完全从行政型治理转型到经济型治理，市场化改革尚未完成，政企尚未实现完全分离。国有企业依然由政府控制，国有股"一股独大"，国有企业的管理体制具有浓厚的行政性色彩。

在这一特殊的转型背景下，国有企业尚不能完全在市场机制中自由运作，还受到较多的政府干预、承担大量的社会性和政策性负担（如就业、税收、GDP等）。国家作为国有企业的终极控股股东，其控制权私利体现为这些社会性目标和政策性目标的实现（俞红海、徐龙炳、陈百助，2010）。政府可以通过直接持股、建立政治关联、政府补贴等手段对国有企业实施干预，使国有企业投资决策的目标严重偏离利润（价值）最大化，深刻地影响着国有资本投资的效率（刘媛媛、马建利，2013）。此外，政府还可以干预银行对企业的贷款，间接实现对企业的"保护"，使银行贷款对企业投资失去应有的约束力，造成了预算软约束，从而助长了国有企业的非效率投资行为（R. Cull and L. C. Xu，2000）。

在政府干预严重影响国有企业投资活动及投资效率的情况下，企业集团作为联系政府宏观调控与独立企业微观经营的中间环节，担负起了出资人角色，在一定程度上削弱了政府干预，解决了国有企业的"所有者缺位"问题（蒋卫平，2006）。从这一角度分析，企业集团与其成员企业之间的金字塔股权结构明确了产权关系，削弱了政府干预，是有利于成员企业投资活动的。已有研究证明，国有企业的金字塔结构可以作为法律保护的替代机制，保护国有企业的投资行为免受政府干预的影响，改善国有企业的经营业绩（夏冬林、朱松，2008；程仲明、夏新平、余明桂，2008）。

综上所述，金字塔结构既可能有掏空效应，也可能有保护效应。金字塔结构既可能使控制权与现金流权分离度更大，加重控股股东与中小股东之间的代理问题而导致成员企业的非效率投资，使投资效率低下，也可能保护企业免受政府干预的影响，使企业的投资活动脱离政府社会性目标和政策性目标实现的限制，投资模式更加正常，投资效率更高。但是，考虑到我国国有企业所处的特殊制度背景（政府干预严重），可以预期，在集团控制下的国有企业中，其金字塔结构的保护作用更明显，是有利于投资效率的。因此，得出假设如下：

假设 5-4：在国有企业集团中，成员企业的金字塔层级与其非效率投资存在负相关关系。

第三节 研究设计

一 样本选取与数据来源

（一）样本选取与数据来源

我们拟选取 2011—2013 年沪深 A 股所有国有控股上市公司为初始样本。国泰安股东数据库根据实际控制人的性质对上市公司进行了分类，实际控制人类别包括企业经营单位（国有企业、民营企业）、非企业单位（国有机构、开发区、事业单位、外国政府、自治组织）、自然人和无法分类四种。我们选取实际控制人性质为国有企业、国有机构的上市公司定义为国有控股上市公司。同时，为排除有关因素的影响，针对样本进行了以下筛选：

（1）剔除了金融业的上市公司；

（2）剔除了被 ST 或 *ST 的上市公司；

（3）剔除了上市年龄不足两年的上市公司；

（4）剔除了经营性质（即行业类别）发生改变的上市公司；

（5）剔除了一些变量数据不全或数据异常的上市公司。

进行以上剔除后，共得到国有上市公司 2554 家。其中，附属于集团的国有上市公司 2120 家，非附属于集团的国有上市公司 434 家，附属于集团的国有上市公司占 83%。这与辛清泉、郑国坚、杨德明（2007）的研究一致，进一步证实我国绝大多数企业都有集团背景，企业集团这种组织形式在我国相当流行。此外，在收集数据过程中还发现，单个大型中央企业集团控制下的国有上市公司数量明显多于地方政府控股下的企业集团，多数地方控股下的企业集团旗下只有一家上市公司。

最后，剔除了非附属于集团的国有上市公司，最终得到了 2120

个公司/年样本。其中，2011年包含样本673个，2012年包含样本698个，2013年包含样本749个。

其中，样本公司的基本信息、财务数据和股权信息数据均来自国泰安（CSMAR）数据库以及巨潮资讯网；集团内其他成员企业的现金流、多元化指标系笔者手工计算、整理得出；金字塔层级、集团数据是根据上市公司年报中"股本变动及股东情况"一节披露的企业与实际控制人之间的产权及控制关系方框图，经笔者手工整理、计算得出。所有数据处理和统计分析工作均在Excel 2010、SPSS、Stata 12中完成。

（二）集团的界定

截至目前，国内并没有对企业集团形成统一的定义。国家工商行政管理局制定的《企业集团登记管理暂行规定》（工商企字〔1998〕第59号）规定企业集团由母公司、子公司、参股公司以及其他成员单位组建而成。企业集团应当具备下列条件：（1）企业集团的母公司注册资本在5000万元人民币以上，并至少拥有5家子公司；（2）母公司和其子公司的注册资本总和在1亿元人民币以上；（3）集团成员单位均具有法人资格。符合条件的集团母公司可以在企业名称中使用"集团"或者"（集团）"字样。然而现实中，许多实质上的企业集团并没有在名称中使用"集团"字样，无法通过名称判别其是不是企业集团，如国家电网公司、中国海洋石油总公司，等等。在这种情况下，由中国国有企业评价协会主持编写、中国发展出版社出版发行的《中国大企业集团年度发展报告（紫皮书）》提供了中国大企业集团名单。我们在确定上市公司所属集团时以《企业集团登记管理暂行规定》为第一标准，所属集团名称中带有"集团"或"（集团）"字样的即为企业集团。当所属集团名称中没有"集团"字样时，则采用第二标准，即根据《中国大企业集团年度发展报告（紫皮书）》（2013）中提供的集团名单进行匹配。由于该书中只提供了营收排名前1000位的大企业集团名单，并没有穷尽所有，对于仍不能确定的公司则借助百度搜索该公司概况以确定其是否为集团。

二 模型选择与变量定义

（一）非效率投资的度量

我们借鉴理查森（2006），程仲明、夏新平、余明桂（2008）的模型，用上市公司的实际投资水平与期望投资水平之差，即模型中的残差，来度量非效率投资水平。正残差表示投资过度，负残差表示投资不足。模型如下：

$$Invest_{i,t} = \alpha_0 + \alpha_1 \times Tobin's Q_{i,t-1} + \alpha_2 \times Leverage_{i,t-1} + \alpha_3 \times Cash_{i,t-1} + \alpha_4 \times Age_{i,t-1} + \alpha_5 \times Size_{i,t-1} + \alpha_6 \times Return_{i,t-1} + \alpha_7 \times Invest_{i,t-1} + \sum Industry + \sum Year + \varepsilon_{i,t} \quad (5-1)$$

其中，Invest 表示实际新增投资额，用购建固定资产、无形资产和其他长期资产支付的现金、购买和处置子公司及其他营业单位所支付的现金、投资所支付的现金（包括权益性投资和债权性投资支出）之和与年初总资产的比值来衡量；托宾 Q 值表示成长机会，用股权市值净债务市值之和与期末总资产的比值来衡量；Leverage 表示资产负债率；Cash 表示现金持有量，用货币资金与总资产的比值来衡量；Age 表示上市年限，取上市年龄的自然对数；Size 表示公司规模，用总资产的自然对数来衡量；Return 表示股票回报率，用考虑现金红利再投资个股的年回报率来度量；Industry 表示行业控制变量；Year 表示年份控制变量。其中，样本公司所属行业按中国证监会颁布的《上市公司行业分类指引（2012 年修订）》进行分类，剔除金融业，共 15 个行业哑变量；我们取数期间为 3 年，因此，设两个年份哑变量。

利用该模型对样本公司的数据进行回归分析，就可以得到 i 公司第 t 年的期望投资水平。用实际投资水平减去期望投资水平，得到的差额就是该公司的非效率投资水平（$Inefficient\_I_{i,t}$）。若非效率投资水平大于 0，表明该公司投资过度；若非效率投资水平小于 0，表明该公司投资不足。

(二) 现金流的度量模型

我们借鉴杨棉之、孙健、卢闯（2010）与屈文洲、谢雅璐、叶玉妹（2011）的做法，用样本公司当期经营活动产生的现金流量净额与期初总资产的比值来度量样本公司的现金流水平。某样本公司的自有现金流即为该公司当期经营活动产生的现金流量净额与期初总资产的比值；其可利用的同一集团内其他成员公司的自有现金流（即该公司的非自有现金流）则为其他成员公司的自有现金流之和。当某一上市公司所附属集团内没有其他上市公司时，非自有现金流取值为0。

上市公司与集团内其他成员公司现金流关系的度量模型如下：

$$Invest_{i,t} = \beta_0 + \beta_1 \times CF_{i,t} + \beta_2 \times OCF_{i,t} + \beta_3 \times Tobin's Q_{i,t} + \beta_4 \times Leverage_{i,t-1} + \beta_5 \times Salegrowth_{i,t-1} + \beta_6 \times ROA_{i,t-1} + \sum Ind + \sum Year + \varepsilon_{i,t} \tag{5-2}$$

具体变量定义见表5-1。

表5-1　　　　　　　　　　变量定义

变量类型	变量符号	变量说明
被解释变量	Invest	为当期实际新增投资，用购建固定资产、无形资产和其他长期资产支付的现金、购买和处置子公司及其他营业单位所支付的现金、投资所支付的现金之和与年初总资产的比值来衡量
	Inefficient_I	非效率投资水平，大于0表示投资过度，小于0表示投资不足
解释变量	CF	上市公司的自有现金流，用该公司经营活动产生的现金流量净额与期初总资产的比值来衡量
	OCF	某一上市公司所属集团内其他成员公司的自有现金流之和，用其他成员公司的经营活动产生的现金流量净额与期初总资产比值之和来衡量

续表

变量类型	变量符号	变量说明
解释变量	Diversity	代表集团经营多元化比率，等于集团所涉及的行业数/集团内包含的上市公司数。当集团内只有一家上市公司时，赋值为0
	Layer	表示金字塔层级
控制变量	Tobin's Q	为企业成长机会的代理变量 Tobin's Q =（股权市值＋净债务市值）/期末总资产
	Salegrowth	销售收入增长率，为企业成长机会的代理变量
	Leverage	为资产负债率
	Cash	以上期年末现金与短期投资之和/总资产作为衡量指标
	Size	代表公司规模，用总资产的自然对数来衡量
	Return	为考虑现金红利再投资的年个股回报率
	ROA	为总资产收益率
	Occupy	大股东占款，用其他应收款与总资产的比值来衡量
	M_fee	管理费用率，用管理费用与主营业务收入之比来衡量
	Industry	行业虚拟变量
	Year	年份虚拟变量

（三）多元化程度、金字塔层级度量与模型

多元化程度的衡量主要是从集团层面进行。根据 Tarun Khanna 和 Yishay Yafeh（2005），集团多元化程度被定义为集团经营所涉及行业的前二位代码的数量。这里借鉴 Tarun Khanna 和 Yishay Yafeh（2005）以及肖星、王琨（2006）的方法，用集团经营多元化比率指标（用 Diversity 表示）来度量多元化程度。多元化比率用国有上市公司所附属集团涉及的行业数与集团内上市公司数量的比值来衡量，当集团内只包含一家成员上市公司时，该值为0。行业分类按照《上市公司行业分类指引（2012年修订）》所列示的上市公司行业分类代码的大类（即二位数值分类码）进行判断。

金字塔层级（用 Layer 表示）就是企业控制链条的层级数。这里参照钟海燕、冉茂盛、文守逊（2010）的研究方法，从上市公司最终控制人开始，到控股股东止，控制链上每一单位（个人）算一个层级，不包括上市公司本身。如果最终控制人到上市公司的控制链不止一条，则以层级最多的一链为准计算金字塔层级。

多元化程度、金字塔层级与投资效率相关关系的计量模型如下：

$$Inefficient\_I_{i,t} = \gamma_0 + \gamma_1 \times Diversity_{i,t} + \gamma_2 \times Layer_{i,t} + \gamma_3 \times Leverage_{i,t} + \gamma_4 \times Tobin's Q_{i,t} + \gamma_5 \times Size_{i,t} + \gamma_6 \times CF_{i,t} + \gamma_7 \times Occupy_{i,t} + \gamma_8 \times M\_fee_{i,t} + \sum Ind + \sum Year + \varepsilon_{i,t} \quad (5-3)$$

第四节 实证检验

一 描述性统计

表5-2为样本公司主要变量的描述性统计。

表5-2　　　　　　　　主要变量的描述性统计

	均值	中位数	标准差	最大值	最小值	样本量
A栏：投资						
Invest	0.113	0.070	0.171	1.928	0.000	2120
CF	0.072	0.044	0.814	35.129	-3.044	2120
OCF	0.053	0.0	1.600	8.668	-71.611	2120
B栏：投资效率（投资过度）						
	均值	中位数	标准差	最大值	最小值	样本量
Inefficient_I	0.098	0.051	0.164	1.723	0.000	1138
Diversity	0.373	0.333	0.3956	1.0	0.0	1138
Layer	2.84	3.00	1.036	10	1	1138
C栏：投资效率（投资不足）						
	均值	中位数	标准差	最大值	最小值	样本量
Inefficient_I	0.055	0.033	0.074	0.771	0.000	982
Diversity	0.393	0.364	0.3997	1.0	0.0	982
Layer	2.86	3.00	1.034	9	1	982

注：***、**和*分别表示回归结果在1%、5%和10%的水平上显著。

表5-2A栏中的数据显示,样本公司当期实际新增投资占年初总资产的比重从最小值0.000到最大值1.928,均值为0.113,由此可以看出,集团控制下的国有上市公司的投资规模较大,甚至有些公司的投资扩张规模竟超出了公司本身资产规模。样本公司的自有现金流的均值为0.072,由此可以看出,样本公司的自有现金流无法满足公司投资活动的需要,公司需要寻求其他资金来源以支持投资活动。非自有现金流的均值为0.053,各公司拥有的非自有现金流差距较大。

根据模型(5-1)进行回归,对主要连续变量进行缩尾处理,以消除异常值的影响,然后计算出样本公司的非效率投资水平,分别以投资过度和投资不足列示,并对投资不足进行绝对值处理。结果显示,投资过度均值为0.098,样本数量为1138家,占全样本的53.68%;投资不足均值为0.055,样本数量为982家,占全样本的46.32%。然而,张功富、宋献中(2009)与方红星、金玉娜(2013)的研究发现,我国上市公司面临的投资不足问题更严重(投资过度样本占30%—40%,投资不足样本占60%—70%)。由此可以看出,集团控制下的国有上市公司中,投资过度行为更普遍、投资过度问题更严重。从另一个角度来看,也可能说明集团经营模式为成员企业的投资活动提供了某些帮助,缓解了成员上市公司的投资不足问题。

从表5-2B栏中还可以看出,在投资过度组,金字塔层级最高为10层,最低为1层,平均每个公司的金字塔层级为3层;在投资不足组,金字塔层级最高为9层,最低为1层,平均为3层,可以看出,投资过度公司和投资不足公司的金字塔层级并没有太大差异。另外,如图5-1所示,金字塔层级在国有上市公司中普遍存在,而且以2层和3层居多,其次是4层。

比较投资过度与投资不足两组样本的多元化比率,可以发现:投资过度样本组的多元化比率的均值为0.373,中位数为0.333,投资不足样本组的多元化比率的均值为0.393,中位数为0.364,表明

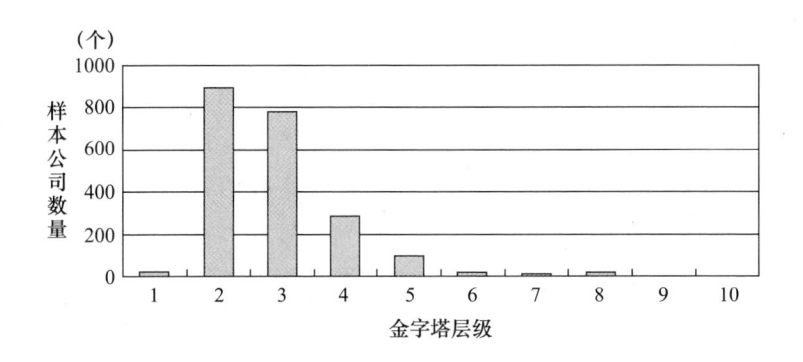

图 5-1　按金字塔层级对公司进行统计

投资过度公司的多元化水平略低于投资不足公司,两者差距很小。从图 5-2 可以看出,集团所涉及的行业最少为 1 个,最多为 7 个。从集团的已上市成员公司角度统计集团的多元化水平时,集团的多元化程度并不高,仅涉及一个行业的集团数量几乎占 80%(1044/1324)。除此之外,涉足两个行业的集团数目最多,排名第三的是涉足 3 个行业的集团。涉足行业数目越多,集团的数量越少。

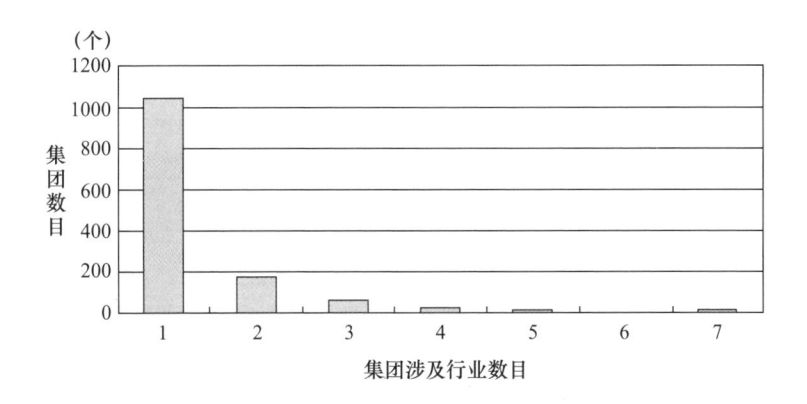

图 5-2　按跨行业数目对集团进行统计

二 成员企业投资——现金流敏感性

表5-3报告了模型（5-2），即集团成员企业的投资—现金流敏感性的回归结果。从回归结果可以看出，CF的系数为0.062，并且在1%的水平上显著，表明样本公司的投资水平对其自身的自有现金流依赖度非常高，投资—自有现金流敏感性非常高。但是，OCF的系数为0.0004，虽然为正，但并不显著，表明集团内某一成员公司的投资水平对其他成员公司的现金流依赖度较低，投资—非自有现金流的敏感性较弱。假设5-1得到验证。分析其原因，可能有以下几点：

表5-3　　　　　　投资水平与现金流水平的回归结果

变量	结果
（常量）	0.051*** （3.660）
CF	0.062*** （13.666）
OCF	0.0004 （0.170）
Leverage	-0.045*** （-2.592）
托宾Q值	0.033*** （11.544）
Salegrowth	-0.000 （-0.181）
ROA	0.087 （1.626）
Year	控制
Industry	控制
Adj_ R^2	0.195
N	2120

注：括号内为回归结果的t值；***、**和*分别表示回归结果在1%、5%和10%的水平上显著。

第一，集团内成员企业间的资金融通可能并不如想象的这么简单，例如，成员企业间可能通过交叉持股、重组、关联交易等方式实现资金的重新配置，而不是简单的资金调配。

第二，本章没有考虑集团内其他成员企业现金流为负的情况，当集团内其他成员企业的现金流为负时，可能会影响投资—非自有现金流的敏感性。

第三，本章没有将集团内未上市的成员企业考虑在内。在某一集团中，上市的成员企业往往扮演从资本市场融通资金的角色，而未上市的成员企业则通过重组、关联交易、资产置换等方式间接地获取上市成员企业的资金，因此，未上市成员企业与上市成员企业间的资金往来可能更频繁些（王化成、蒋艳霞、王珊珊等，2011）。

第四，集团内成员企业之间的资金往来可能是通过集团总部完成的，即成员企业—集团总部—成员企业，也就是说，某一成员企业的投资活动可能与集团总部的现金流的敏感性更大。

计算相关变量的 VIF 值，均在 1.3 以下，表明不存在严重的多重共线性。

三 两阶段实证检验

（一）非效率投资水平

表 5-4 报告了模型（5-1）的回归结果，被解释变量为当期实际新增投资，目的是根据模型的回归残差估计样本公司的非效率投资水平，并区分投资过度与投资不足两组。

表 5-4　　　　　　　预期投资水平的回归结果

变量	预期符号	结果
（常量）	-/+	-0.111* (-1.688)
托宾 Q 值	+	0.054*** (17.239)

续表

变量	预期符号	结果
Leverage	-/+	0.040**
		(2.381)
Cash	+	0.086***
		(2.953)
Age	-	-0.008
		(-1.406)
Size	+	0.002
		(0.771)
Return	+	-0.039***
		(-4.063)
Invest	+	0.327***
		(16.654)
Industry		控制
Year		控制
Adj_R^2		0.231
N		2120

注：括号内为回归结果的 t 值；***、**和*分别表示回归结果在 1%、5% 和 10% 的水平上显著。

从表 5-4 的回归结果可以看出，企业成长机会的代理变量托宾 Q 值、现金以及上期投资水平都与样本公司当期实际新增投资水平显著正相关，且相关水平为 1%，这说明，企业上期的托宾 Q 值越大，上期现金越多，上期投资规模越大，则当期的实际投资水平越高，与理论预期相符。资产负债率的系数为负，且在 5% 的水平上显著，说明我国国有企业的投资受到较多的负债融资支持，这可能意味着我国国有企业受到的融资约束较轻，国有企业中存在严重的"预算软约束"现象。公司上市年龄与资产规模的系数均与预期相符，但不显著。考虑现金红利再投资个股的年回报率虽然显著相关，但系数为负，与预期相反，原因可能是因为我国的情况特殊，在 2120 个样本公司中,有大约 65% 的样本该指标为负值。相关变量的 VIF 值均在 1.6 以下,表明不存在严重的多重共线性。

(二)投资过度与投资不足

表 5-5 报告了多元化程度、金字塔层级与投资过度、投资不足的回归结果。

表 5-5　　多元化程度、金字塔层级与投资效率的回归结果

	投资过度	投资不足
截距	0.280***	0.024
	(2.923)	(0.593)
Diversity	0.021*	0.003
	(1.765)	(0.605)
Layer	-0.014***	-0.003
	(-3.147)	(-1.272)
Leverage	-0.121***	-0.015
	(-4.362)	(-1.527)
托宾 Q 值	0.021**	0.037***
	(2.182)	(15.947)
Size	-0.005	0.000
	(-1.322)	(-0.105)
CF	0.045***	0.006
	(10.966)	(0.249)
Occupy	0.449*	-0.021
	(1.955)	(-0.329)
M_fee	-0.030	-0.044***
	(-0.419)	(-6.735)
Year	控制	控制
Industry	控制	控制
Adj_R²	0.130	0.278
N	1138	982

注:括号内为回归结果的 t 值;***、**和*分别表示回归结果在 1%、5% 和 10% 的水平上显著。

从投资过度样本组的回归结果可以看出，多元化水平与投资过度在10%的水平上显著正相关，多元化水平越高，越容易出现投资过度行为，说明集团层面进行的多元化扩张，在一定程度上造成了成员企业的投资过度。假设5-2成立。金字塔层级与投资过度显著负相关，且显著性水平为1%，说明金字塔层级越多，投资过度水平越低。也就是说，在集团控制下的国有企业中，金字塔层级可以在一定程度上抑制投资过度的发生，这与程仲明、夏新平、余明桂（2008）的研究结论相一致。因此，假设5-4成立。

观察投资不足样本组的回归结果，多元化程度与金字塔层级两个指标都没有与投资不足表现出显著相关性，说明集团层面的多元化程度以及集团成员企业的金字塔层级都对投资不足影响很弱。假设5-3没有得到验证。

投资过度与投资不足两组回归结果的VIF值均在2以下，表明不存在严重的多重共线性。

四　稳健性检验

为检验结论的稳健性，现进行如下稳健性检验：

由于我们所借鉴的理查森（2006）、程仲明、夏新平和余明桂（2008）的模型是针对发达市场的投资环境所提出的，该模型的假定前提是公司整体投资行为正常，不存在系统性偏差。为了降低非效率投资水平估计偏差可能带来的影响，借鉴辛清泉、林斌和王彦超（2007）的做法，将模型（5-2）得到的残差按大小等分为3组，取残差最大的一组为投资过度组，残差最小的一组为投资不足组，然后再对模型（5-3）进行回归。回归结果表明，多元化比率、金字塔层级对投资过度、投资效率的影响结果均没有变化，再一次支持了本结论。

第五节　集团经营模式对投资效率的影响

我们利用2011—2013年沪深A股所有附属于集团的国有上市公司数据,研究了集团经营模式的特点对成员企业投资效率可能产生的影响。其中,集团经营模式的特点包括集团成员企业间的现金流"互动"、集团的多元化经营特征及集团成员企业的所有权结构(主要指金字塔层级)三方面。研究结论如下：

（1）在国有企业中,附属于集团的样本公司占80%以上,这与辛清泉、郑国坚、杨德明（2007）的研究一致,进一步证实我国绝大多数企业都有集团背景,企业集团这种组织形式在我国相当流行。

（2）在选取的2120个样本中,1138个样本公司存在投资过度行为,982个样本公司存在投资不足行为。一方面,这一数据说明我国国有企业普遍存在非效率投资行为；另一方面,与张功富、宋献中（2009）,方红星、金玉娜（2013）的研究相对照,可以发现,我国集团控制下的国有企业的投资不足问题得到缓解、投资过度问题更严重。

（3）某一成员上市公司的投资水平与其自有现金流水平高度相关,但与其他成员企业的现金流水平相关性较弱。即集团内成员企业的投资—自有现金流敏感性较高,与预期相符；但其投资—非自有现金流敏感性较弱,与预期不符。

（4）在多元化程度与非效率投资的回归结果中可以看出,多元化程度越高,投资过度越严重。也就是说,集团层面进行的多元化扩张加重了其成员企业的投资过度水平。多元化水平对投资不足没有显著影响。

（5）在金字塔层级与非效率投资的回归结果可以看出,金字塔层级的增多可以抑制国有上市公司的投资过度问题。也就是说,在集团控制下的国有企业中，金字塔层级可以在一定程度上抑制投资过度的发生，这与程仲明、夏新平、余明桂（2008）的研究结论相一致。金字塔层级对投资不足没有显著影响。

根据上述研究内容及得出的研究结论，我们提出以下五项建议：

第一，进一步深化国有企业改革。要深化投资体制改革，确立企业的投资主体地位，对于企业的投资项目，应减少行政审批，由企业自主决定；深化政企关系改革，明确政府在国有企业经营中的地位，减少政府的干预程度，减少国有企业背负的社会负担；深化公司治理改革，改善国有企业治理水平，促进国有企业的治理转型，解决国有企业长期存在的两层委托—代理问题、内部人控制问题、预算软约束问题等。

第二，科学组建企业集团，发挥内部资本市场的优势。一方面，我国国有企业改革仍在继续，我国国有企业仍受到较多的政府干预，通过组建大型国有企业集团，形成"政府—企业集团—国有企业"的三级管理体制，可以在一定程度上缓解国有企业面临的政府干预；另一方面，我国的外部资本市场存在很多缺陷，企业集团内部的小型资本市场可以在一定程度上弥补外部市场的不足，起到优化资源配置的作用。而且，通过组建企业集团，可以将众多中小企业整合在一起，实行统一管理，既可以形成规模优势，也可以提高整体效率。但是，企业集团的组建一定要"适可而止"，切不可盲目求大，一切应以效率为目标。

第三，加强企业集团内部资本配置的信息披露与监管。目前，企业集团对其内部资本配置信息的披露较少，集团内部资本市场运作的透明性较差，难以评价其内部资本配置的效率。通过要求企业集团充分、详细地披露集团内部企业间的关联交易信息、资本配置信息，可以更好地了解集团内部资本运作模式，更好地评价集团内部资本配置的效率性，并发现不足以进一步优化其资本配置功能。通过加强企业集团内部资本配置的监管，可以遏制控股股东利用内部资本市场关联交易转移资金、侵占中小股东利益的不法行为。

第四，适度多元化。政府以及国有企业自身都应充分了解、认识多元化可能带来的多方面影响，进行适度的多元化扩张，既要发挥多元化的优势，将我国国有企业"做大做强"，形成规模经济，提高我国国有企业的国际竞争力和影响力，同时又要避免扩张过度，造成盲目投资，导致适得其反的结果。

第五，在国有企业中，应合理利用金字塔结构的有利优势。本书结论表明，金字塔层级与投资过度负相关，从而证实金字塔结构可以在一定程度上削弱政府干预。因此，在国有企业集团与其成员企业之间合理引入金字塔结构是值得推崇的。

第六章　管理层权力、在职消费和投资效率

近年来,我国国有企业改革取得了显著成果,众多国有企业开始逐步走出政府的"保护伞"独立生存,并与民营企业和外资企业开始公平的市场竞争,中国市场经济领域逐步放开。然而,国有企业由于其自身所有者缺位以及中国国有企业遗留的诸多难题,使国有企业投资效率低下问题一直是困扰我国国有企业进一步发展的"瓶颈"环节。因此,对国有企业投资效率的研究也一直是国内外研究学者普遍关注的重要课题。

代理问题一直是影响企业投资效率的重要因素,企业的资本投资既可能因为代理问题而导致投资不足,也可能引发投资过度。尽管这两类代理问题所引发的企业行为截然不同,但它们均会对股东财富造成损害。为此,股东必须寻求有效的治理机制来缓解经理人的代理成本问题。其中,设计一个良好的经理薪酬激励契约是协调股东和管理层之间代理问题的重要手段之一。当前企业中对管理层的激励,既包括货币性激励,如工资、奖金、股权等,也包括非货币性激励,如股票期权、政治晋升、在职消费、管理层权力等因素。

国有企业负责人的在职消费行为一直是社会各界热议的话题,中国的国有企业负责人由于受到薪酬管制,使政府控制的企业高管薪酬的激励效果普遍低于其他企业。于是,职务消费便成为很多企业管理层的替代选择,以此来弥补显性薪酬的不足。然而,近年来,在对国有企业负责人实行薪酬管制的同时,涌现了一批国有企业高管"天价薪酬"的怪现象。与此同时,高管的在职消费水平也

节节攀升。国有企业管理层利用手中的权力大肆挥霍公司财产满足个人私利的行为越来越受到各界人士的关注。企业负责人装修奢华办公室、购买昂贵代步汽车、利用公款开展业务招待以及各种莫名其妙的报销费用,一经曝光,则使民众唏嘘不已。

针对国有企业高管利用职务进行消费占用企业资源的行为,政府也陆续出台一些应对政策。如2009年《国有企业领导人员廉洁从业若干规定》中规定,禁止国有企业领导人员利用职权谋取私利,并列出了八条所禁止的不当职务消费行为。然而,政策出台的效果并不理想,原因可能在于企业的在职消费名目繁多,企业管理者可以通过各种名义来掩盖在职消费行为。另外,由于管理者权力的存在,使得在职消费的监督问题也很难落实。2012年2月,为进一步规范国有企业管理层的职务消费行为,制止与企业经营管理无关的职务消费行为和奢侈消费风气,财政部、监察部、审计署、国务院国资委联合发布了《国有企业负责人职务消费行为监督管理暂行办法》(以下简称《办法》),对国有企业负责人的在职消费行为进行更为严格的规范并规定了违反本《办法》的相应处罚。

在职消费具有两面性,一方面,适度的在职消费能够有效地激励企业管理层更好地开展工作,提高管理者的工作热情和工作效率,从而提升企业价值;另一方面,国有企业管理人员利用职位权力进行过度的在职消费会占用企业资源,增加代理成本,对公司绩效产生影响。同时,一些企业管理者为了控制更多资源,获取更多的在职消费,往往会进行非效率性投资。因此,本章试图通过对我国国有企业的管理层权力、在职消费和投资效率这种动态的作用机制的梳理,为进一步完善我国上市公司的激励机制、改进国有企业投资效率、完善我国国有企业的企业分配制度提供有实际依据的借鉴和参考。

第一节 概述

一 管理者权力与在职消费

管理者权力是指影响或实现关于董事会或薪酬委员会制定的薪酬决策的意愿的能力。管理者权力作为一种非货币性激励，能够影响管理者的行为。通过行使权力不仅可以创造权力收益、重塑货币性收益，还会对投资效率和公司绩效产生影响。"控制权收益"这一概念首先由格罗斯曼和哈特（Grossman and Hart，1988）提出，是指控股股东通过利用控制权而获得的收益。高管的报酬水平会随着其控制权的增加而提高（Lambert，Larcher and Weigelt，1993；王克敏、王志超，2007）。马奇（March，1966）认为，管理层权力是压制不一致意见的能力。芬克尔斯坦（Finkelstein，1992）将权力定义为管理层执行自身意愿的能力。Lambert、Larcher 和 Weigelt（1993）提出的"管理者权力模型"受到普遍认同，他们从权力的内容方面区分了四种权力，包括组织地位、信息控制、个人财富、对董事会的任命。Bebchuk、Fried 和 Walker（2002）提出了"管理权力论"，认为董事会在制定高管薪酬时力不能及，使管理者有权力影响自身的薪酬，并且会运用权力进行租金攫取。在管理者权力的作用下，作为减少代理成本的激励契约反而成为代理问题的一部分。由此可见，管理者权力是影响企业激励契约的重要因素，权力会影响管理者的行为，进而为管理者创造私人收益。权小锋、吴世农、文芳（2010）认为，国有企业高管的权力与其获取的私有收益正相关。吕长江、赵宇恒（2008）发现，权力强大的管理者能够自己设计激励组合，在获得权力收益的同时实现较高的货币补偿。而权力较小的管理者则更加注重货币性补偿，主要通过盈余管理来虚构利润，进而达到绩效考核的目的。

在职消费（Perks）属于管理者通过自身权力所获取的控制权收

益的一种形式。现有研究中，国内外对管理者权力与在职消费的关系的理解基本一致，即管理者权力越大，在职消费水平越高（陈冬华等，2005；Rajan and Wulf, 2006；李良智，2005；卢锐等，2008；树友林，2011）。

二 管理者权力与投资效率

詹森（Jensen，1986）认为，经理存在构建企业帝国的强烈动机，随着企业规模的扩大，管理者可控制的资源增加，从而增加管理者权力。这种动机促使经理牺牲股东的利益，将企业的闲置资金投资于能使企业规模扩大的非盈利项目，从而产生投资过度。Grinstein 和 Hribar（2004）研究了在企业兼并和收购决策中 CEO 权力对 CEO 奖金的影响。研究发现，CEO 拥有的权力越大，从事的兼并收购规模越大，从中获取的奖金也越多。然而，与 CEO 权力小的同类企业相比，CEO 权力大的企业实施 M&A 后的异常收益率为负且显著低于 CEO 权力较小的企业。而理查森（2006）在研究公司治理与投资效率的关系时的发现与之前学者不同，他发现高管权力与投资效率之间的关系并不显著。

此外，国内外研究者还分别研究管理层持股/股权激励、任期、独立董事以及股权集中度与投资效率的关系（Zhang，2003；Grundy and Li，2010；王霞和张国营，2007；陈运森和谢德仁，2011；欧阳凌等，2005），而这些变量与管理者权力均存在直接关系。

三 在职消费与投资效率

由于现有文献中还没有对在职消费与投资效率之间的关系的研究，本章将从在职消费与货币报酬的关系、在职消费对公司业绩或企业价值的影响以及在职消费的治理角度阐述在职消费，为本章对国有企业在职消费与企业投资效率之间关系的研究作铺垫。

管理者货币报酬和在职消费同属于薪酬契约的范畴，货币报酬属于显性报酬，包括工资、奖金和津贴、股权等。在职消费属于管理者权力的延伸，是一种隐性收益。针对高管货币报酬与作为隐性契约的在职消费之间的关系研究，存在两种对立观点：一类研究者认为，货币报酬与在职消费之间存在替代关系。法玛（Fama，1980）认为，作为薪酬的一种，在职消费水平的提高会促使董事会降低CEO工资或其他形式的收入，最终使两者达到平衡。其他类似研究还有塞明、李亮（2007），陈冬华、梁上坤等（2010），冯根福、赵珏航（2012）。另一类学者则认为，货币报酬与在职消费之间不存在明显的替代关系（如陈冬华等，2005；Cai, Fang and Xu, 2005；Rajan and Wulf, 2006；Yermack, 2005；树友林，2011）。

在职消费与公司绩效的关系综合起来主要有两种观点：代理观和效率观。一些学者认为，在职消费会占用企业资源、损害企业价值，即支持管理者在职消费的代理观（Yermack, 2005；Cai, Fang and Xu, 2005；李艳丽等，2012）。另一些学者证明了在职消费的效率观。Hirsch（1976）发现高额的在职消费能够提高管理者在员工心目中的威望和地位，对公司具有积极的意义。Rajan和Wulf（2006）研究得出，在职消费并不必然是无效的，管理层通过在职消费可以提高工作效率。李焰等（2010）也验证了在职消费的效率观。

在职消费的影响因素及其治理的研究中，陈冬华、陈信元、万华林（2005）研究表明，我国上市公司在职消费主要受企业租金、绝对薪酬和企业规模等因素的影响。薪酬管制的存在，使在职消费成为许多国有企业管理人员的替代性选择。夏冬林和李晓强（2004）、罗宏和黄文华（2008）、罗进辉等（2009）分别从大股东和支付现金股利角度研究在职消费的治理。

综上所述，现有文献中与本章中相关的研究主要有管理者权力与在职消费、权力与企业投资效率，而对于在职消费与企业投资效率之间关系研究的相关文献却很少。一些研究中虽然也有涉及管理者权力和在职消费，但是，在研究在职消费对企业的影响时，多数研究将重点放在对企业绩效的影响上，较少关注在职消费对企业投资效率这个最终会影响企业绩效的中间变量的影响。同时，现有研究中有为数不少的文献对国有企业和非国有企业的投资效率进行了比较研究，但是，并没有将国有企业进行更深入的分类研究。处于不同管理层次的国有企业由于管理层权力的不同所导致的在职消费行为会存在差别，因此，对投资效率的影响也不尽相同。

本章以我国国有企业为研究对象，以我国国有企业激励契约为出发点，借鉴徐莉萍等（2006）的研究，将国有企业进一步分为中央直属国有企业（以下简称国有企业）和地方所属国有企业（以下简称地方国有企业）。同时，考虑到地方政府控制的国有企业会存在更多的政府干预，可能会使其在在职消费和投资效率等方面与其他类型国有企业存在不同，我们又将地方国有企业分为地方政府控制的国有企业和其他地方国有企业，着重分析管理者权力这一非货币性激励所引发的在职消费对处于不同层次和管理级别的国有企业的影响。通过对国有企业管理者权力—在职消费—投资效率三者关系的深入把握和分析，了解我国处于不同行政级别和层次的国有企业中现有的管理层权力所导致的在职消费现状，以及在职消费水平与企业投资效率的相互关系进行探讨。

第二节 作用机理与后果

本节以股东—经理人之间的委托—代理冲突为基础，研究我国国有企业管理层权力、在职消费对投资效率的影响。

一 管理者权力与在职消费

由于股东与经营者之间的委托—代理冲突的存在，研究者们不断探索对管理层激励的方式，如薪酬激励、股票期权、绩效考核等，以缓解这一冲突。目前，对管理层激励主要有两种理论：最优契约理论和管理者权力理论。最优契约理论认为，针对所有者与经营者产生的委托—代理问题，董事会可以设计良好的激励契约，有效地对管理者进行激励，促使管理者与所有者的利益保持一致。管理者权力理论是在最优契约理论的基础上发展而来，由 Bebchuk、

Fried 和 Walker（2002）提出。管理者权力理论从管理者所拥有的控制权出发，认为管理者俘获了董事会，管理者激励不再是解决代理问题的有效工具，反而成为代理问题的一部分。

由于管理者拥有一定的控制权，权力则意味着管理者可以对企业资源进行支配、决策。在职消费往往与管理者权力紧密联系在一起，谁拥有权力谁就可以享受在职消费。我国国有企业通过坚持不懈地改革，企业内部管理也紧跟市场经济发展的需要。国有企业中管理者的权力不断增强，而国有企业中的薪酬管制这一客观事实又使很多企业的管理层不断寻求其他途径来弥补薪酬上的不足。陈冬华等（2005）认为，正是由于国有企业中薪酬管制的存在，使得在职消费成为很多国有企业管理者的替代选择。近年来，国有企业管理者利用职权进行各种名目的职务消费，企业管理费用节节攀升，居高不下。管理者权力越大，享受的在职消费水平越高。但是，管理者在职消费行为也会受到一些因素的制约，如管理者持股和法律约束等。管理者持股能在一定程度上降低代理成本，降低股东与代理人的利益不一致。而我国现有法律中对在职消费的规定还不甚明确，处罚也不够严厉，使管理者进行在职消费的潜在成本较低。在上述分析的基础上，我们提出如下假设：

假设6-1：国有企业中，管理者权力越大，在职消费水平越高；管理者持股的国有企业中，在职消费水平低于其他国有企业。

国有企业改革至今，对关系国民经济命脉的重要行业和关键领域，国家仍然保持绝对的控制地位。相对于其他国有企业而言，中央企业由于规模庞大，同时在国民经济中的地位相对重要，中央企业管理者所承担的责任较多，管理层的权力较大，在职消费水平也高。同时，地方政府控制的国有企业，由于管理者所受约束较少，在日常经营管理中所拥有的权力很大，在职消费水平也高。因此，我们又提出以下假设：

假设6-2：中央企业和地方政府控制的国有企业管理者权力高于其他国有企业，因此在职消费水平高于其他国有企业。

二 货币报酬与在职消费

在对企业货币报酬与在职消费关系的文献回顾中,我们发现,现有国内外文献中针对管理者货币报酬与在职消费关系的研究尚未得出一致结论。一些学者认为,在职消费与货币报酬之间存在替代关系(Fama,1980;蹇明和李亮,2007;陈冬华、梁上坤等,2010);而另一些学者的研究证明两者不存在替代关系(陈冬华等,2005;Cai,Fang and Xu,2005;树友林,2011)。为了进一步验证我国国有企业货币薪酬与在职消费之间的关系,提出如下假设:

假设6-3-1:货币报酬高的国有企业中,管理者的在职消费水平越低。

假设6-3-2:货币报酬高的国有企业中,管理者的在职消费水平越高。

三 管理者权力与投资效率

在委托—代理理论下,管理者存在强烈的自利行为动机。同时,管理者权力的存在又使得管理者拥有很大的决定权。对控制权收益的追求会影响管理者的经营活动和投资决策,促使管理者追求个人利益,偏离企业价值最大化。Grinstein 和 Hribar(2004)发现,为获取奖金(私人收益),CEO权力越大,从事的兼并收购规模也越大,而实施兼并后企业业绩反而下降。

投资能够给管理者带来私人收益,如薪酬提升、在职消费等。哈特(1995)研究表明,企业管理层具有构建企业帝国的强烈动机。管理层权力越大,对股东会、董事会的抗衡作用力越强,在进行投资过度中所面临的阻力越小。企业中进行投资过度所获取的私人收益要远远高于投资不足,因此,管理层权力越大,越倾向于多投资。在存在投资不足的企业中,管理层权力越大,就越会降低投资不足程度。因此,我们提出以下假设:

假设6-4:管理层权力与投资过度正相关;管理层权力与投资不足负相关。

四 在职消费与投资过度、投资不足

委托—代理理论认为，企业所有者与经营者的目标存在不一致。在信息对称的情况下，管理者的行为是可以及时被观察到的。投资者可以根据观测到的管理者的侵占行为并对其实行相应的奖惩措施，促使管理者及时改变其现有行为，朝着企业价值最大化的方向努力。而在信息不对称的情况下，投资者则无法及时或根本不能观测到管理者的所有行为，委托人根本无法通过"强制合同"来迫使代理人选择委托人所希望的行为。由于信息不对称和委托—代理关系的存在以及委托人和代理人目标的不一致性，在这种多重作用的情况下，企业管理者完全有理由和有能力以牺牲企业价值为代价来换取个人利益最大化，在职消费和以构建企业帝国为目的的投资过度行为便是这一理论在企业中的直接体现。

在职消费与资本投资之间存在相互关系，一方面，企业管理者存在构建企业帝国的动机，以此来扩大控制权和获取更多的私人收益。由于企业在职消费的名目繁多，这一特点为管理层的职务消费提供了更大的便利。当前许多国有企业管理者借着在职消费的名义（如业务招待、考察）打通各种人脉关系为企业挖掘投资机会、开拓融资渠道。如此一来，具有宽裕的在职消费条件的企业能够比其他企业拥有更多的机会，为企业的资本投资开拓更为便利的条件。另一方面，进行更多的投资或投资过度能够让管理者控制的资源更多，获取在职消费的途径也更多。然而，值得注意的是，管理层在进行在职消费的同时，企业的现金流会降低，而现金流又是企业进行投资的一个重要资金来源。因此，在职消费水平越高，会消耗企业的一部分资金，投资过度程度也可能会降低。基于以上分析，我们提出如下两个对立假设：

假设6-5-1：在职消费水平越高的国有企业，其投资过度程度越高。

假设6-5-2：在职消费水平越高的国有企业，其投资过度程度越低。

国有企业受到的监管和约束多于其他类型的国有企业（徐莉萍等，2006），因此，笔者认为，国有企业的投资过度程度要低于其他类型国有企业。而地方国有企业由于规模相对较小，所受管制较少，而且地方国有企业与地方政府的关系较为密切，一些有政治关联的地方国有企业会为了提高政府政绩而进行更多无效率的投资（许年行与罗炜，2011）。为验证这一现象，我们提出了如下假设：

假设6-6：中央企业中在职消费引起的投资过度程度低于其他国有企业，地方政府控制的国有企业因在职消费引起的投资过度程度最高。

我国当前国有企业中投资不足的企业居多，不同领域的投资效率差异较大。然而，现有针对我国国有企业投资效率的研究文献中，绝大多数文献研究了国有企业投资过度（张敏等，2010；赵博，2012；姜付秀等，2009），对国有企业投资不足的研究却很少。

在职消费正如前文所述，具有两面性。一方面，在职消费可以是一种激励机制，赋予管理者对公司财产一定的自由支配权，为管理层决策提供资金支持，辅助管理者更好地决策，从而提升企业价值。另一方面，如果对在职消费不加限制，管理者会利用在职消费来获取超额的私人收益，在这种情况下在职消费就成了管理者"寻租"的一种手段，会损害企业价值。

鉴于在职消费的两面性特征，它与投资不足之间的关系，也存在两种可能性。一方面，在职消费水平的提高会占用企业资金，发生隧道挖掘，从而产生投资不足（梅丹，2009），即在职消费的代理观。另一方面，在职消费能够有效地激励管理层积极地进行投资，降低企业投资不足程度，即在职消费的效率观。为进一步验证在职消费对企业投资不足的影响，我们提出了以下相对应的假设：

假设6-7-1：在职消费水平越高的国有企业，其投资不足程度会降低。

假设6-7-2：在职消费水平越高的国有企业，其投资不足程度会提高。

考虑到国有企业所处行政级别的不同，其投资不足程度也会存在差异，我们又提出以下假设：

假设6-8：中央企业投资不足程度低于其他类型的国有企业，地方政府控制的国有企业投资不足程度高于其他国有企业。

第三节　研究设计

一　变量定义

（一）管理层的界定及管理层权力的衡量

目前，对企业管理层的研究文献有很多，不同研究中的管理层界定也不一样。本章研究的企业管理者主要是国有企业的高管团队，包括董事长、总经理、副总经理、财务负责人、担任管理职位的董事会成员、监事会成员、董事会秘书等高级管理人员。

Grinstein 和 Hribar（2004）通过4个变量来衡量管理者权力：总经理和董事长两职合一、CEO是不是提名委员会成员、内部董事比例和董事会规模。埃里克森（Eriksson，2005）使用管理者持股、总经理任命外部人担任董事的能力和管理者监督调度的员工数量三个变量作为衡量管理者权力的变量。吕长江、赵宇恒（2008）结合我国国有企业实际，使用领导权结构（即董事长与总经理两职合一）、执行董事比例和任职年限来衡量我国国有企业管理者权力。卢锐等（2008）将股权分散度作为衡量管理者权力的变量之一。权小锋、吴世农等（2010）在前人研究的基础上，将管理者权力的衡量指标划分为五个方面，即领导权结构、CEO任期、董事会规模、董事会中内部董事比例和国有企业金字塔链条的深度。

对管理者权力的衡量具有代表性的是吕长江、赵宇恒（2008）的研究。他们采用领导权结构、执行董事比例和任职年限三个变量来衡量管理者权力。此后，卢锐等（2008）通过两职合一、股权分散度、高管任期来衡量管理者权力。我们在综合这两个研究的基础上，最终采用了独立董事比例、任职年限和股权分散度这三个指标来综合反映企业管理者权力：

第一，独立董事比例（ID）。独立董事的比例越低，管理者所受的监管和约束越少，则管理者权力越大。

第二，任职年限（TEN）。总经理在企业中任职时间越长，则其权力越大。

第三，股权分散度（Disp）。股权越分散，管理层权力越大。①

（二）在职消费的衡量

陈冬华、陈信元、万华林（2005）的研究表明，我国上市公司在职消费主要受企业租金、绝对薪酬和企业规模等因素的影响。由于薪酬管制的存在，在职消费成为国有企业管理人员的替代性选择。说明在职消费内生于国有企业面临的薪酬管制约束。夏冬林、李晓强（2004）从公司治理的角度探讨约束上市公司在职消费行为的方法，发现随着第一大股东持股比例的提高，管理层受到的监督越强，管理层的在职消费水平越受到约束；上市公司的在职消费受企业规模和管理层薪酬的影响，改善公司的监督和激励机制可以遏制管理层的在职消费行为。罗宏、黄文华（2008）研究国有企业时发现，最终控制公司高管人员的在职消费程度与公司业绩负相关，而支付现金股利可以显著降低高管人员的在职消费程度。罗进辉等（2009）验证了管理者在职消费的代理观，同时发现，大股东对管理者在职消费行为的监督存在激励效应和防御效应，处于控股地位的大股东对上市公司管理者的在职消费行为具有遏制作用。

在职消费的衡量指标有两大类，即绝对指标和相对指标。陈冬华、陈信元、万华林（2005）和夏冬林、李晓强（2004）研究中使

---

① 之所以不引入领导权结构变量作为管理者权力的代理变量，是因为我国国有企业中董事长和总经理两职合一的情况并不多。从研究样本中分析发现，2007—2011年样本公司中两职合一的企业分别仅为76家、71家、69家、65家、69家，90%以上的企业当前都处于两职分离的状态。同时，为了数据获取的方便，也没有采用吕长江、赵宇恒（2008）中的执行董事比例指标，取而代之以独立董事比例，因为独立董事来自公司外部，且薪酬固定，与管理层不存在明显的利益关系。

用的在职消费数据通过年报披露的"支付的其他与经营活动有关的现金流量"的明细项来收集。主要有两种方法：第一，直接法。将与在职消费有关的费用分为八大类即办公费、差旅费、业务招待费、通信费、出国培训费、董事会费、小车费和会议费，再将这八大类项目加总作为企业在职消费数据。第二，间接法。"支付的其他与经营活动有关的现金流量"中，扣除其中与在职消费无关的项目。

我们借鉴了这两种方法，同时为了反映和便于比较不同公司的在职消费程度，采用了管理费用率这个相对指标来衡量公司的在职消费情况。具体计算步骤如下：首先，将企业的管理费用分成八大类，从中剔除争议较大的费用，作为在职消费数据。其次，用得到的在职消费数据除以当年的主营业务收入得到管理费用率。

（三）投资效率的衡量

投资效率，即投资过度与投资不足程度。我们借鉴理查森（2006）采用的衡量方法。理查森在其预期投资模型中，首先利用该模型估算出公司正常的投资水平（正常投资水平，即为维持资产原有状态和所有 NPV 为正的项目所花费的投资），然后用公司实际的资本投资水平与期望的资本投资水平之差（即回归残差）表示公司的非效率投资程度，残差为正说明为投资过度，残差为负则表现为投资不足。这一模型以增长机会（GR）、公司年限、资产负债率、现金存量、公司成立年限、规模、股票回报率为解释变量，以前一期的投资额等为控制变量来估计出公司正常的投资水平。

（四）控制变量

参考卢锐等（2008）、理查森（2006）的研究，控制变量有公司规模、薪酬差距、高管报酬、财务杠杆等，同时还控制了行业和年度因素的影响。

二 模型构建

为检验上文提出的假设，我们构建了以下研究模型：

(一) 管理层权力与在职消费模型

在职消费的研究借鉴卢锐等（2008）研究中的模型，并根据本章研究实际进行适当的更改，具体模型如下：

$$Pc_{i,t} = \alpha_0 + \alpha_1 Power_{i,t} + \alpha_2 Pay_{i,t} + \alpha_3 Stock_{i,t} + \alpha_4 Size_{i,t} + \alpha_5 Central_{i,t} + \alpha_6 Localgov_{i,t} + \alpha_7 MRS_{i,t} + \alpha_8 Staffgap_{i,t} + \sum Ind_{i,t} + \sum Year_{i,t} + \theta_{i,t} \quad (6-1)$$

(二) 预期投资模型

投资效率的衡量采用了理查森（2006）的投资预测模型。模型将公司的总投资分为公司维持现有资产运行的投资（I_{main}）与当年的投资规模（I_{new}），维持性投资包括折旧和摊销，当年的投资规模又细分为新增的 NPV > 0 的项目的投资和异常投资即投资过度或投资不足。公司的预期投资水平可以用以下模型进行估计：

$$I_{new,t} = \beta_0 + \beta_1 GO_{i,t-1} + \sum Control_{i,t-1} + \varepsilon \quad (6-2)$$

式中，GO 表示公司的增长机会，Control 为控制变量，主要有财务杠杆（Leverage）、公司规模（Size）、库存现金（Cash）、以前年度的股票收益（Return）、以前年度的投资规模（$I_{new,t-1}$）、年度和行业效应。残差 ε 表示非效率投资规模，ε 为正说明为投资过度，ε 为负则表现为投资不足。

(三) 投资过度模型

在模型（6-2）的基础上，以得到的残差为正的数据为被解释变量，以管理者权力为解释变量，同时加入自由现金流、财务杠杆、公司规模、控制权性质等控制变量，分析管理者权力、在职消费与投资过度之间的关系，构建如下管理者权力与投资过度研究模型：

$$\varepsilon_{over,t} = \alpha_0 + \alpha_1 Power_{i,t} + \alpha_2 Fcf_{i,t-1} + \alpha_3 Leve_{i,t-1} + \alpha_4 Pay_{i,t-1} + \alpha_5 Central_{i,t} \times Power_{i,t} + \alpha_6 Localgov_{i,t} \times Power_{i,t} + \sum Ind_{i,t} + \sum Year_{i,t} + \theta_{i,t} \quad (6-3)$$

将模型（6-1）中的管理者权力变量替换成在职消费变量，则得到在职消费与投资过度研究模型：

$$\varepsilon_{over,t} = \alpha_0 + \alpha_1 Pc_{i,t-1} + \alpha_2 Fcf_{i,t-1} + \alpha_3 Leve_{i,t-1} + \alpha_4 Pay_{i,t-1} + \alpha_5 Central_{i,t} \times Pc_{i,t-1} + \alpha_6 Localgov_{i,t} \times Pc_{i,t-1} + \sum Ind_{i,t} + \sum Year_{i,t} + \theta_{i,t} \quad (6-4)$$

（四）投资不足模型

在模型（6-2）的基础上将所得到的残差为负的值与在职消费的变量进行回归分析，即分析在职消费与投资不足之间的关系：

$$|\varepsilon_{under,t}| = \gamma_0 + \gamma_1 Power_{i,t} + \gamma_2 Pc_{i,t-1} + \gamma_3 Fcf_{i,t-1} + \gamma_4 Leve_{i,t-1} + \gamma_5 Size_{i,t-1} + \gamma_6 Fcf_{i,t-1} \times Pc_{i,t-1} + \gamma_7 Central_{i,t-1} + \gamma_8 Localgov_{i,t-1} + \eta_{i,t} \quad (6-5)$$

式中，$\varepsilon_{under,t}$ 加绝对值表示投资不足程度。

表6-1　　　　　　　　　模型中所有变量定义

变量代码	变量名称和含义
ID	独立董事比例，独立董事占董事会人数1/3及以下取1；否则取0
TEN	任职年限，若董事长或总经理在公司IPO之前就担任现职且IPO之后四年仍然在位取1；否则取0
Disp	股权分散度，若第一大股东持股比例除以第二至第十大股东持股比例之和小于1取1；否则取0
Power	权力虚拟变量，Dual + ED + TEN + Disp ≥ 2，取1；否则取0
Pay	前三高管平均薪酬，金额最高的前三名高管薪酬总额的平均值取对数
Stock	管理者持股哑变量
Size	公司规模，期末总资产的对数
Central	控制权性质哑变量，最终控制人为中央企业则取1，地方国有企业取0
Localgov	地方政府控制哑变量，若为地方政府控制则取1，否则取0
MRS	企业租金，用销售毛利率衡量，即主营业务利润/主营业务收入
Staffgap	高管与员工的薪酬差距，前三名高管平均薪酬/员工平均工资
GO	增长机会，用营业收入增长率来衡量
Leverage	财务杠杆，用资产负债率表示
Cash	现金持有量，用经营活动产生的现金净流量/当年营业收入表示
Return	股票收益率，等于Π（1 + Ret_i）－1（Ret_i表示第i个月的股票市场收益率）

续表

变量代码	变量名称和含义
$I_{new,t}$	当年的投资规模,即公司当年的实际投资额,为购建固定资产、无形资产和其他长期资产所支付的现金和处置固定资产、无形资产和其他长期资产所收回的现金之差与年初总资产的比值
ε_t	t 年的非效率投资程度;$\varepsilon_{over,t}$ 表示 t 年的投资过度程度,$\varepsilon_{under,t}$ 表示 t 年的投资不足程度
$Fcf_{i,t}$	公司 t 年的自由现金流,为经营活动产生的净现金流量除以年初总资产,再减去预期投资水平后的现金流。预期投资水平由投资期望模型估算出
$Pc_{i,t}$	在职消费水平,用得到的在职消费数据除以当年的主营业务收入,即经过调整后的管理费用率
Year	年度虚拟变量
Industry	行业虚拟变量,用以控制行业因素对公司投资行为的影响。根据证监会的行业分类标准,将所有上市公司分成 13 个大类,剔除金融类公司,共 12 个行业

三 数据来源和样本选择

我们选取 2007—2011 年沪深 A 股国有上市公司为研究对象。研究的沪深 A 股国有上市公司共 986 家,剔除 ST 公司、金融类企业 72 家,剩余 914 家。同时,为了保证数据的连贯性,又剔除了 2007 年及 2007 年以后上市的公司 147 家,最后研究的样本公司为 767 家。

本章研究所使用的在职消费数据全部采用手工收集,其他相关数据来自 CSMAR 和 Wind 数据库,数据处理采用 SPSS 19.0 计量分析软件。为减轻极端值对统计结果的影响,对一些主要变量采用了上下各 1% 的 Winsorize 处理。

四 分析逻辑

（一）管理者权力对在职消费的影响

首先要检验的是国有企业的管理者权力与在职消费之间的关系。在职消费除受管理者权力影响外,还要受到管理者货币薪酬、公司规模、控制权性质、员工与高管的薪酬差距、企业租金（销售毛利率）、年度和行业等因素的影响。在控制以上变量的基础上，先研究管理者权力这一单个变量对国有企业管理者在职消费行为的影响。为补充现有的理论，对管理者货币薪酬和在职消费之间的关系在国有企业中进行了检验。

（二）管理者权力、在职消费对投资过度的影响

在预期投资模型的基础上，以得到的残差为正的数据为被解释变量，以管理者权力、在职消费为解释变量，同时加入自由现金流、财务杠杆、公司规模、控制权性质等控制变量，分析我国国有企业管理者权力、在职消费与投资过度之间的关系。同时，区分控制权性质，研究处于不同控制权性质下的国有企业投资过度表现出来的差异。由于在职消费与企业投资效率之间可能会存在相互影响，因此会产生内生性问题。为克服这一影响，使用滞后一期的在职消费与企业投资过度变量进行回归分析。

（三）管理者权力、在职消费水平对投资不足的影响

影响企业投资效率的变量主要有公司规模、自由现金流、管理者货币薪酬、在职消费、控制权性质等。在控制其他影响因素的基础上，研究在职消费对企业投资不足的影响。同样使用滞后一期的在职消费与企业投资不足之间进行回归分析。将国有企业进行归类，研究处于不同管理级别的国有企业的投资不足状况。

第四节 实证检验

一 描述性统计

从表6-2可以看出：（1）从均值来看，地方政府控制的国有企业的管理者权力和在职消费水平均大于其他类型国有企业；中央企业在职消费水平最低，而管理者权力居中。（2）高管薪酬均值

表6-2 管理层权力与在职消费模型主要变量描述性统计

变量名	样本	均值	中值	标准差	极小值	极大值
Pc	2918	0.015568	0.008209	0.069942	0.000030	3.573175
其中：中央企业	942	0.014845	0.008803	0.023286	0.000030	0.381096
地方政府国有企业	304	0.020504	0.011245	0.031912	0.000478	0.352682
其他地方国有企业	1672	0.015078	0.007514	0.089692	0.000048	3.573175
Power	2918	0.373886	0	0.483917	0	1
其中：中央企业	942	0.368365	0	0.482617	0	1
地方政府国有企业	304	0.470395	0	0.499946	0	1
其他地方国有企业	1672	0.359450	0	0.479983	0	1
Pay	2906	12.69163	12.70816	0.741973	9.600128	15.48261972
其中：中央企业	937	12.808288	12.873902	0.733573	9.600128	15.482620
地方政府国有企业	304	12.541301	12.505683	0.751576	10.491274	14.566124
其他地方国有企业	1665	12.653430	12.636772	0.736406	9.974257	15.176128
Stock	2918	0.61926	1	0.485652	0	1
其中：中央企业	942	0.610403	1	0.487918	0	1
地方政府国有企业	304	0.638158	1	0.481326	0	1
其他地方国有企业	1672	0.620813	1	0.485330	0	1

对数为12.69163，折合成取对数之前的数据约为325016.10元，高管薪酬对数最低值和最高值对应的薪酬分别为14766.67元和5296833.36元，不同国有企业高管的薪酬差距较大；无论从均值还是从中位数来看，中央企业高管的薪酬水平最高，地方政府控制的国有企业高管薪酬最低。（3）从管理层持股来看，地方政府控制的国有企业高管持股的均值最大，中央企业的持股均值最小。

从表6-3可以发现：首先，无论是从均值还是从中位数来看，地方政府控制的国有企业的投资过度程度最严重，管理者权力与在职消费水平最高；中央企业投资过度程度最低，管理者权力和在职消费水平最低；其他地方国有企业的管理者权力、在职消费以及投资过度程度居中。其次，可以大致看出管理者权力、在职消费与投资过度程度之间存在一定的正相关关系。

表6-3　　投资过度模型主要变量描述性统计

变量名	样本	均值	中值	标准差	极小值	极大值
ε_{over}	941	0.079453	0.039612	0.151238	0.000097	2.570696
其中：中央企业	286	0.067574	0.034107	0.088737	0.000228	0.692474
地方政府国有企业	111	0.101225	0.044224	0.179133	0.000097	1.574870
其他地方国有企业	544	0.081256	0.041269	0.169671	0.000098	2.570696
$Power_{i,t}$	941	0.400638	0	0.490288	0	1
其中：中央企业	286	0.360140	0	0.480882	0	1
地方政府国有企业	111	0.567568	1	0.497660	0	1
其他地方国有企业	544	0.387868	0	0.487713	0	1
$Pc_{i,t-1}$	941	0.018319	0.008575	0.118028	0.000197	3.573175
其中：中央企业	286	0.017043	0.010202	0.028479	0.000716	0.381096
地方政府国有企业	111	0.019816	0.012343	0.024830	0.000554	0.196544
其他地方国有企业	544	0.018684	0.007400	0.153504	0.000197	3.573175

表6-4描述性统计结果表明，无论是从均值还是从中位数来看，地方政府控制的国有企业的在职消费和投资不足程度都最高；从均值来看，中央企业的投资不足程度最低，而在职消费水平居中。

表6-4　　投资不足模型主要变量描述性统计

变量名	样本	均值	中值	标准差	极小值	极大值
$|\varepsilon_t|$	1653	0.043112	0.037126	0.031540	0.000010	0.280064
其中：中央企业	565	0.041192	0.036755	0.028692	0.000151	0.165552
地方政府国有企业	153	0.047608	0.043345	0.031211	0.000010	0.131573
其他地方国有企业	935	0.043536	0.036378	0.033138	0.000168	0.280064
$Pc_{i,t-1}$	1653	0.013892	0.007930	0.019027	0.000039	0.352682
其中：中央企业	565	0.013835	0.008195	0.016111	0.000039	0.144060
地方政府国有企业	153	0.021219	0.011091	0.036722	0.000478	0.352682
其他地方国有企业	935	0.012727	0.007557	0.015937	0.000060	0.168735
$Power_{i,t}$	1653	0.362371	0	0.480831	0	1
其中：中央企业	565	0.373451	0	0.484149	0	1
地方政府国有企业	153	0.418301	0	0.494900	0	1
其他地方国有企业	935	0.346524	0	0.476117	0	1

二 相关性检验

(一) 在职消费模型相关性检验

管理者权力与在职消费以及其他变量之间的相关性结果如表6-5所示。

表6-5　　　　模型（6-1）Pearson相关性检验

变量	Pc	Power	Pay	Stock	Size	MRS	Staffgap	Central	Localgov
Pc	1	0.006	-0.029	-0.035	-0.135**	-0.935**	-0.025	-0.007	0.024
Power	0.006	1	-0.088**	-0.006	-0.129**	0.016	0.008	-0.009	0.055**
Pay	-0.029	-0.088**	1	0.133**	0.460**	0.033*	0.367**	0.117**	-0.081**
Stock	-0.035	-0.006	0.133**	1	0.116**	-0.009	0.079**	-0.012	0.014
Size	-0.135**	-0.129**	0.460**	0.116**	1	0.039*	0.143**	0.094**	-0.081**
MRS	-0.935**	0.016	0.033*	-0.009	0.039*	1	0.042**	0.013	0.004
Staffgap	-0.025	0.008	0.367**	0.079**	0.143**	0.042**	1	0.036*	-0.036*
Central	-0.007	-0.009	-0.018	0.117**	-0.012	0.094**	0.013	1	-0.227**
Localgov	0.024	0.055**	0.044**	-0.081**	0.014	-0.081**	0.004	-0.227**	1

注：**表示在0.01水平（双侧）上显著相关；*表示在0.05水平（双侧）上显著相关。（下同）

从表6-5分析发现：（1）在职消费与公司规模之间的相关系数为负且显著，说明公司规模越大，在职消费水平会降低；在职消费与销售毛利率之间存在显著的负相关关系，与预期符号不一致，需要进行更深入的分析；（2）其他各解释变量之间的相关系数均未超过0.5，说明构建的模型不存在严重的多重共线性问题。

(二) 投资过度模型相关性检验

管理者权力与投资过度模型中各变量之间的相关性检验结果如表6-6所示。

表 6-6 模型（6-2）相关性检验

变量	ε_{over}	$Power_{i,t}$	$Fcf_{i,t-1}$	$Leve_{i,t-1}$	$Pay_{i,t-1}$	$Size_{i,t-1}$	Central × Power	Localgov × Power
ε_{over}	1	0.053	0.041	-0.084**	-0.013	-0.088**	-0.021	0.066*
$Power_{i,t}$	0.053	1	0.069*	-0.062	-0.148**	-0.114**	0.429**	0.328**
$Fcf_{i,t-1}$	0.041	0.069*	1	-0.064	0.116**	-0.010	-0.039	0.075*
$Leve_{i,t-1}$	-0.084*	-0.062	-0.064	1	-0.064	0.315**	-0.053	-0.077*
$Pay_{i,t-1}$	-0.013	-0.148**	0.116**	-0.064	1	0.395**	-0.014	-0.138**
$Size_{i,t-1}$	-0.088**	-0.114**	-0.010	0.315**	0.395**	1	-0.043	-0.125**
Central × Power	-0.021	0.429**	-0.039	-0.053	-0.014	-0.043	1	-0.094**
Localgov × Power	0.066*	0.328**	0.075*	-0.077*	-0.138**	-0.125**	-0.094**	1

从表6-6可以看出：（1）管理者权力与投资过度程度存在正向关系但不显著，需要进一步验证；（2）资产负债率与投资过度负相关，说明资产负债率越高，投资过度程度会越低；地方政府控制国有企业和权力的交叉变量与投资过度正相关，说明地方政府控制的国有企业管理者权力越大，投资过度程度越严重。

此外，公司规模变量与多个解释变量存在显著的相关关系，且与财务杠杆和薪酬变量的相关系数比较大，因此，模型（6-3）中将 Size 剔除。

为避免重复，模型（6-4）在职消费与投资过度各变量的相关性检验中去除了与模型（6-3）有重复的变量相关性检验，具体检验结果如表6-7所示。

表 6-7 模型（6-4）相关性检验

变量	ε_{over}	$Pc_{i,t-1}$	$Fcf_{i,t-1}$	$Leve_{i,t-1}$	$Pay_{i,t-1}$	$Size_{i,t-1}$	Central × Pc	Localgov × Pc
ε_{over}		0.012					-0.024	0.072*
$Pc_{i,t-1}$	0.012	1	-0.030	0.060	-0.020	-0.135**	0.116**	0.060
$Fcf_{i,t-1}$		-0.030					-0.064	0.039

续表

变量	ε_{over}	$Pc_{i,t-1}$	$Fcf_{i,t-1}$	$Leve_{i,t-1}$	$Pay_{i,t-1}$	$Size_{i,t-1}$	Central × Pc	Localgov × Pc
$Leve_{i,t-1}$		0.060					-0.090**	0.006
$Pay_{i,t-1}$		-0.020					0.058	-0.120**
$Size_{i,t-1}$		-0.135**					-0.132**	-0.156**
Central × Pc	-0.024	0.116**	-0.064	-0.090**	0.058	-0.132**	1	-0.065*
Localgov × Pc	0.072*	0.060	0.039	0.006	-0.120**	-0.156**	-0.065*	1

从表6-7可以发现：（1）在职消费与投资过度的相关系数为正但不显著，需要进一步验证其相关性；（2）地方政府与在职消费的交叉变量和投资过度的相关系数为正且显著，表明地方政府控制的国有企业在职消费水平越高，投资过度程度越严重。

（三）投资不足模型相关性检验

从表6-8可以看出：（1）自由现金流与投资不足程度负相关，说明自由现金流越多，投资不足程度越低；（2）高管报酬与投资不足程度负相关，说明高管报酬的增加有利于降低投资不足；（3）负债率与投资不足程度负相关，说明提高资产负债率有助于降低投资不足；（4）公司规模与投资不足程度负相关，表明规模越大的国有企业，其投资不足程度越低；（5）交叉变量与投资不足的相关系数显著为负，说明自由现金流越多，在职消费会降低国有企业的投资不足程度；自由现金流越少，在职消费会加剧国有企业的投资不足程度；（6）模型中高管薪酬与公司规模中的相关系数较大，且高管薪酬并不是模型的研究重点，为降低多重共线性风险，将高管薪酬变量去除；其他解释变量之间的系数均低于0.4，说明不存在严重的多重共线性问题。

表6-8　　　　　　　　　　　模型（6-5）相关性检验

变量	$|\varepsilon_t|$	Pc	Fcf	Pay	Power	Leve	Size	Fcf×Pc
$|\varepsilon_t|$	1	-0.034	-0.047*	-0.163**	-0.016	-0.114**	-0.060**	-0.064**
Pc	-0.034	1	-0.008	-0.069**	0.073**	-0.200**	-0.279**	-0.297**
Fcf	-0.047*	-0.008	1	0.052*	0.028	-0.072**	-0.019	0.615**
Pay	-0.163**	-0.069**	0.052*	1	-0.093**	0.039	0.470**	0.096**
Power	-0.016	0.073**	0.028	-0.093**	1	-0.032	-0.149**	-0.005
Leve	-0.114**	-0.200**	-0.072**	0.039	-0.032	1	0.294**	-0.016
Size	-0.060**	-0.279**	-0.019	0.470**	-0.149**	0.294**	1	0.070**
Fcf×Pc	-0.064**	-0.297**	0.615**	0.096**	-0.005	-0.016	0.070**	1

三　相关性的经验证据

（一）管理层权力与在职消费

通过回归分析，我们发现：（1）管理者权力与在职消费水平显著正相关，验证了假设6-1前半部分；（2）在职消费与管理者持股存在正相关关系，这与假设6-1的后半部分不符，说明在我国国有企业中，管理层持股并没有起到降低代理成本的作用；（3）高管货币薪酬与在职消费正相关，说明两者之间存在互补关系，假设6-3-2得到验证；（4）中央企业和地方政府控制的国有企业变量均显著为正，说明中央企业和地方政府控制国有企业的在职消费水平较其他国有企业更高，验证了假设6-2。

此外，公司规模与在职消费显著负相关；销售毛利率与在职消费系数为负但不显著；薪酬差距与在职消费负相关，高管与员工的薪酬差距越大，在职消费水平越低，原因可能为在薪酬受到管制的国有企业中，薪酬差距越大，高管从货币薪酬中得到的满足感越多，从而会降低职务消费；年度控制变量中，2007年的在职消费水平显著低于其他年度，这可能与实行新会计准则相关，其他年度在职消费水平无显著差异，即使在2009年发布《国有企业领导人员廉洁从业若干规定》，在职消费水平也无显著变化。说明2009年发布的规定并未起到真正抑制国有企业管理层在职消费的作用。

表 6-9　　　　　　　　模型（6-1）多元回归结果

变量	预期符号	Pc	变量	预期符号	Pc
截距	+	0.088*** (13.231)	MRS	+	-0.002 (-1.442)
Power	+	0.001** (2.351)	Staffgap	?	-0.00006** (-2.332)
Pay	?	0.002*** (4.312)	Year	?	控制
Stock	-	0.001** (2.414)	IND	?	控制
Size	-	-0.004*** (-16.965)	Adj_R^2		0.155
Central	+	0.001** (2.398)	N		2898
Localgov	+	0.004*** (4.519)			

注：***、**和*分别表示在1％、5％和10％水平上显著，括号中为t值。下同。

（二）预期投资

从表6-10回归结果可以看出：实际投资的影响因素中，各变量的符号与预期相符且显著。

表 6-10　　　　　　　　模型（6-2）回归结果

变量	预期符号	$I_{new,t}$	变量	预期符号	$I_{new,t}$
截距		-0.092*** (-2.757)	$I_{new,t-1}$	+	0.024*** (4.608)
$Go_{i,t-1}$	+	0.020*** (4.716)	Year	?	控制

续表

变量	预期符号	$I_{new,t}$	变量	预期符号	$I_{new,t}$
$Leve_{i,t-1}$	−	−0.029*** (−3.047)	IND	?	控制
$Size_{i,t-1}$	+	0.007*** (4.677)	Adj_R^2		0.080
$Cash_{i,t-1}$	+	0.004** (2.355)	N		4439
$Ret_{i,t-1}$	+	0.006** (2.349)			

注：为了避免内生性，模型（6−5）在进行在职消费与投资不足之间关系的回归分析时，将所有解释变量滞后一期，因此会用到 2006 年的预期值，因而预期投资模型中的样本采用了 2006—2011 年的样本数据。

（三）管理层权力与投资过度

通过上述检验发现：（1）Power 的系数为正，且在 10% 水平上显著。说明管理者权力越大，国有企业的投资过度程度越严重。这一结果与预期相一致，假设 6−4 前半部分得到验证。（2）中央企业与管理者权力的交叉变量系数为负且在 5% 水平上显著，可以说明中央企业管理者权力所导致的投资过度程度要低于其他国有企业；地方政府控制的国有企业与管理者权力的交叉变量系数显著为正，说明地方政府控制的国有企业的管理者权力会加大地方政府控制的国有企业的投资过度程度。

此外，自由现金流与投资过度的相关系数在 10% 水平上显著，这一结果与国内研究结论相一致；财务杠杆与投资过度负相关，说明资产负债率的提高对于企业的投资过度具有抑制作用。

表6-11　　　　　　　　　　模型（6-3）回归结果

变量	预期符号	ε_{over}	变量	预期符号	ε_{over}
截距		0.102 (1.069)	$Localgov_{i,t} \times Power_{i,t}$	+	0.041* (1.791)
$Power_{i,t}$	+	0.022* (1.680)	Year	?	控制
$Fcf_{i,t-1}$	+	0.080* (1.626)	IND	?	控制
$Pay_{i,t-1}$	?	0.001 (0.144)	Adj_R^2		0.031
$Leve_{i,t-1}$	−	−0.075** (−2.501)	N		906
$Central_{i,t} \times Power_{i,t}$	−	−0.041** (−2.147)			

（四）在职消费与投资过度

表6-12　　　　　　　　　　模型（6-4）回归结果

变量	预期符号	ε_{over}	变量	预期符号	ε_{over}
截距		0.045 (0.471)	$Localgov_{i,t} \times Pc_{i,t-1}$	+	0.291 (0.540)
$Pc_{i,t-1}$	+	1.398*** (3.382)	Year		控制
$Fcf_{i,t-1}$	+	0.042 (0.867)	IND		控制
$Pay_{i,t-1}$	?	0.002 (0.261)	Adj_R^2		0.041
$Leve_{i,t-1}$	−	−0.077** (−2.526)	N		906
$Central_{i,t} \times Pc_{i,t-1}$	−	−0.681** (−1.994)			

从上述检验，笔者发现：（1）在职消费与投资过度的系数为正且在1%水平上显著，说明在国有企业中，管理层的在职消费水平越高，投资过度程度越严重，这一结论与假设6-5-1的表述相一致。（2）中央企业与在职消费交叉变量系数显著为负，说明中央企业管理层的在职消费所导致的投资过度程度会低于其他国有企业在职消费导致的投资过度程度，假设6-6前半部分得到验证；地方政府控制的国有企业与在职消费的交叉变量系数为正，但不显著，因此拒绝假设6-6后半部分假设。

（五）管理层权力、在职消费与投资不足

表6-13　　　　　　　　模型（6-5）回归结果

变量	预期符号	$|\varepsilon_t|$	变量	预期符号	$|\varepsilon_t|$
截距	+	0.060 *** (3.618)	$Central_{i,t-1}$	−	−0.003 * (−1.656)
$Pc_{i,t-1}$	?	−0.160 *** (−2.908)	$Localgov_{i,t-1}$	+	0.006 ** (2.227)
$Fcf_{i,t-1}$	−	−0.013 (−1.595)	Year		控制
$Power_{i,t}$	−	−0.003 * (−1.710)	IND		控制
$Leve_{i,t-1}$	−	−0.019 *** (−4.365)	Adj_R^2		0.065
$Size_{i,t-1}$	−	−0.00004 (−0.051)	N		1615
$Fcf_{i,t-1} \times Pc_{i,t-1}$	?	−0.972 * (−1.787)			

上述回归结果可以分析得出：（1）Power系数为负且显著，说明管理者权力越大，投资不足程度越低，因此接受假设6-4后半部分假设。（2）在职消费与投资不足存在负相关关系，说明在职消费

水平越高会降低国有企业的投资不足程度，即证实了在国有企业中，在职消费对于投资不足具有一定的治理作用，也证实了在职消费的效率观，假设 6-7-1 得证。（3）中央企业的系数为负且在 10% 的水平上显著，说明中央企业的投资不足程度要低于其他国有企业；地方政府控制的国有企业系数为正且在 5% 水平上显著，说明地方政府控制的国有企业的投资不足程度要高于其他国有企业，接受假设 6-8。（4）自由现金流系数不显著，而自由现金流与在职消费的交叉变量显著为负，说明自由现金流越高，在职消费引起的投资不足程度会更低，这也同时说明了自由现金流会影响在职消费从而对投资效率产生影响。

上述回归结果还显示，管理者权力和资产负债率的系数显著为负，说明管理者权力和资产负债率的提高对于降低投资不足程度具有一定的治理效果。

第五节　在职消费究竟是自发矫正还是自利行为？

在我国当前的市场环境下，企业中还未建立完善的管理层契约和经理人激励制度。企业管理者的过度在职消费行为的动机和效果可以分为两个方面：一方面，可以看成是企业家价值与市场价格的自发矫正行为，对管理层具有激励作用；另一方面，在职消费也可能是管理层纯粹的自利行为，会侵占公司和其他利益相关者的利益，对企业价值造成损害。

我们利用 2007—2011 年我国国有上市公司财务报表及其附注中披露的信息，研究了国有企业中的管理层权力、在职消费及其与企业投资效率之间的关系。研究表明：

第一，就管理者权力与在职消费的研究而言，管理层权力越大的国有企业中，在职消费水平显著更高。管理层持股的国有企业，在职消费水平明显更高，说明管理层持股对于我国当前国有企业中的在职消费未能起到抑制作用；国有企业中的管理者货币报酬与在职消费正相关，说明国有企业中的薪酬管制并不是管理层进行在职消费以寻求非货币补偿的直接原因；年度控制变量中，除2007年外，其他年度在职消费水平无显著差异，即使在2009年发布《国有企业领导人员廉洁从业若干规定》，在职消费水平也无明显变化，说明2009年发布的规定并未起到真正抑制国有企业管理层在职消费的作用。区别国有企业的不同控制权级别发现，中央企业和地方政府控制的国有企业的在职消费水平明显高于其他国有企业，中央企业由于所受管制较多，企业管理层除进行各种名目的在职消费外，很难利用其他途径来获得私人利益的满足，而地方政府控制的国有企业所处行政级别较低，所受的监管较少，同时承担的社会负担较重，企业管理层进行在职消费的名目和途径也就更多。

第二，国有企业的管理层权力与投资过度存在正向关系，管理层权力与投资不足负相关。管理者权力越大，投资过度程度越高，投资不足程度越低；区分国有企业不同控制权性质发现，中央企业管理者权力所导致的投资过度程度要低于其他国有企业，而地方政府控制的国有企业的管理者权力所引起的投资过度程度则显著高于其他国有企业。

第三，将在职消费与投资过度联系起来分析发现，国有企业中，在职消费与投资过度正相关。区分控制权发现，中央企业在职消费导致的投资过度程度要低于其他国有企业，而我们并未发现地方政府控制的国有企业的在职消费会引起更严重的投资过度。

第四，我们进一步检验了在职消费与投资不足的关系，研究发现，在职消费对于抑制投资不足程度具有一定的正面影响，在职消费的提高能够降低国有企业的投资不足程度，同时企业的自由现金流越高，在职消费越有助于降低企业的投资不足程度；区分控制权性质发现，中央企业的投资不足程度要低于其他国有企业，地方政府控制的国有企业的投资不足程度要高于其他国有企业。

以上研究结果说明：

（1）企业管理层权力很大时，权力可能会成为管理层攫取控制权收益的重要手段，我们认为，管理层获取控制权收益的途径主要有在职消费和进行投资过度。虽然近年来国有企业的管理层权力有所降低，依然有必要关注并适当抑制管理层权力，因此要重视企业管理层过度在职消费的治理问题。

（2）要关注投资过度企业的在职消费行为。研究显示，在职消费与投资过度存在明显的正向关系，管理层在职消费水平的提高会加剧企业的投资过度行为，同时，获取在职消费也可能会成为管理层进行投资过度的目的之一。

（3）适当发挥投资不足企业中管理层权力和在职消费的激励作用。我们研究还发现了管理层权力、在职消费与投资不足之间呈负相关关系，说明国有企业的管理层权力和在职消费对于抑制国有企业的投资不足具有一定的作用，针对现有国有企业中投资不足比投资过度的企业更多的现象，对于投资不足企业，可以通过给予管理层更多的权力和适当进行在职消费以鼓励管理层更积极地投资，以降低国有企业的投资不足程度。

第七章　国有企业资本投资的战略性管控模式

第一节　战略性管理控制模式的内涵界定

亨利·明茨伯格（Henry Mintzberg）提出战略应该有不同的定义，它们可以是计划（plan）、执行（play）、模式（pattern）、定位（position）和观念（perspective）。哈佛商学院迈克尔·E. 波特（Michael E. Porter）则强调，战略是一个高度整合、逻辑清晰和深思熟虑的概念，可以通过战略确定企业的位置，获得竞争优势。而在明茨伯格和约瑟夫·兰佩尔（Joseph Lampel）合作完成的一篇对战略进行思考的文章则指出，战略就像是一头大象，我们都是寓言中摸象的盲人，对战略的理解仅仅是以偏概全。虽然迄今为止战略并没形成一个放之四海而皆准的定义，我们仍应持有一种开放和广阔的视角来看待战略、研究战略过程，因为战略往往会给我们提供一个全新并富有建设性的观念。

在 COSO 委员会发布的《内部控制——整合框架（2013）》中，将内部控制定义为："受到董事会、管理层以及其他人员影响的，为了达到组织三大目标（包括运营目标、可靠报告目标和合规遵循目标等）提供合理保证而设计的过程。"从组织内的控制主体角度可以将内部控制划分为董事会控制、管理者控制以及员工控制，通过这一分类实现了内部控制的三层次划分：第一层为战略规划控制，主要通过董事会进行战略制定；第二层为战略实施控制，主要通过管理者实现对战略执行过程的控制；第三层为任务控制，主要通过员工对组织中具体的作业单位进行控制。从广义角度来看，管理控制应包含以上三层次的控制模式；从狭义角度来看，管理控制主要指战略实施过程的控制（张先治，2003）。美国哈佛大学学者罗伯特·N.安东尼提出："管理控制是管理者影响组织中其他成员以落实组织战略的过程。"可见，管理控制是企业战略的根基，其主要原因有两点：一是管理控制模式是保证企业战略形成并贯彻执行的手段；二是管理控制模式对企业战略的实施状况进行监督和修正。

战略性管理控制模式，就是在合理的组织战略指导下，构建一个支持组织战略制定，并能够对组织战略的执行情况进行监控、评价和激励的管理控制系统，以战略衔接外部环境与组织方向、母公司与子公司以及组织内部的不同层次。通过战略导向缓解创新与控制之间的矛盾；企业盈利能力和发展速度之间的矛盾；管理者的目标和企业员工的目标之间的矛盾；以及无限的市场机遇和管理者有限的时间和精力之间的矛盾（Simons, Dávila et al., 2000）。战略性管理控制模式的构建在企业管控体系的构建中居于核心地位，对企业未来的发展有着重大影响，是企业管控体系的最高层次。

第二节 管理控制层次、矛盾与战略方向

一 不同层次的管理控制

如前所述，国有资本投资效率问题主要关注三个方面：一是宏观层面，经济资源是如何在不同地区、不同经济部门有效合理配置的；二是中观层面，基于投资者保护的公司治理机制是如何影响企业投资决策及其投资效率的；三是微观层面，通过何种方式来提升投资效率。从宏观视角来看，政府往往重视投资项目和规模，往往

忽视"技术"视角的效率问题。从中观角度来看，治理功能缺陷直接影响投资效率。从微观角度来看，国有企业非效率投资既有治理因素，但最重要的还是管理问题。

（一）宏观层面：政府管制水平

1997年党的十五大报告提出，要着眼于整个国有经济，对国有经济的布局进行战略性调整，确定需要继续保留和发展的国有企业部门，以及需要退出的国有企业部门，对于需要保留和发展的国有企业部门，要确定有哪些部门国有企业需要保持垄断或控制的地位，而有哪些部门国有企业无须保持垄断或控制地位。国有企业战略性改革，首先服从的是建立社会主义市场经济体制的整体目标，这也是政府对经济资源在不同地区、不同经济部门进行配置所最先考虑的前提。

然而，市场经济有两个条件，即存在不同所有者和社会分工，不同所有者之间进行交易活动会发生所有权的转移，这是市场经济建立的必要前提。然而，在国有经济体制内部，国有企业的所有者都是国家，互相进行交易活动并无法导致所有权形式的转变，这就产生了一种不全面的市场经济体制。我们所见闻的一些国有企业一方面享受国家政策的扶持，另一方面又能够以优惠的条件每年接受国有银行的高额贷款，这一现象产生的原因便是国有银行和国有企业的所有者都是国家，两者之间并不是完全的市场关系。为了社会主义市场经济体制的稳定，政府对国有资本进行配置时，更多考虑的是就业、经济稳定、财政收入等政治或社会目标，当企业追求利益的目标与政府的宏观目标相背离时，政府就会使用自身地位，要求国有企业进行非效率投资。这便凸显了国有企业内部之间的交易或管理往往根据投资项目和规模，却常忽视"技术"视角的效率问题。

由此可见，当前经济体制下，宏观上国有资本的投资效率大多取决于政府的管制水平，缺乏有利于国有资本市场化运作的所有制结构和竞争的经济环境。

(二) 中观层面：治理控制水平

许多理论与实证研究已经表明，基于投资者保护的公司治理机制与企业投资决策及其投资效率有着密切的关系。国家背景对投资者保护机制与公司治理机制有着深刻的影响。投资者保护程度较强的国家，是指该国家拥有较为完善的保护投资者的法律条款，包括公司法、证券法、商法等，并且以上法律的执行情况良好。当投资者受到较好的法律保护时，他们更愿意购买企业发行的证券，以换取未来的投资回报，这样又使得企业愿意发行更多的证券来筹集资金。良好的投资者保护机制对投资者信心的培育、个人私利的抑制、公司资本结构的完善、公司融资成本的降低以及公司价值的提升，都具有重要影响。

然而，我国证券市场的投资者保护机制仍然处于发展阶段，仍需要一个不断完善的过程。尤其对于国有企业的控制，虽然国家出台了近百部与保护投资者利益相关的法律，但在投资者保护方面法律制定和法律执行力度不够完善（MacNeil，2002；Allen，Qian et al.，2005）。与世界上其他国家的法律体制相比，中国的法律系统效率性、律师行业整体水平、对产权的保护程度都有待加强（Djankov，La Porta et al.，2003；La Porta，Lopez－de－Silanes et al.，2004）。在目前我国对投资者保护水平仍然较低的情况下，政府作为国有资本的最终控制者，加剧了国有企业管理者与股东之间的代理问题与利益冲突。由于国有资本的特殊产权属性，其在融资时更易获得国有银行的支持，这就可能引起债务约束机制的缺失、国有企业管理者监督的不到位等一系列治理问题。这些治理功能缺陷很可能为管理者出于自身利益等原因进行国有资本非效率投资提供了便利，从而直接影响国有资本投资效率。

(三) 微观层面：管理控制水平

在后凯恩斯时代，经济学家开始强调宏观经济理论应当有其坚实的微观基础。近些年，国家对国有企业微观层面管控出台了一系列政策法规，针对国有企业内部预算、评价、激励机制等具体的管控措施上也在不断进行探索与改革，然而国有企业微观层面管理问题，仍是影响投资效率的重要因素之一。但是，在处理微观层面的国有企业投资问题时，应使其在宏观和中观层面国有企业的战略性指导下进行，以确保对国有企业的管理控制方向符合我国国民经济的整体战略，这是国有企业微观层次提升投资效率的必要前提。

首先，国有企业在组织结构上拥有众多的利益相关者，彼此之间存在紧密的依赖与制约关系。政府及其相关机构作为国有企业的实际出资人，掌握了国有企业的资源，并希望通过国有企业获得稳定而充足的税收；国有企业管理者作为国有企业的控制者，可能通过所掌握的权力谋求个人利益和政治晋升，从而引发道德风险；国有企业生产资源供应商，希望获得更高的经济利益回报；消费者则希望通过更低廉的价格购买到价值最大化的商品。如何权衡这些利益相关者的关系，通过帕累托改进实现平衡从而改进国有企业管理水平提升投资效率，是国有企业微观层面改革首先需要考虑的问题。

其次，国有企业内长期存在的预算软约束问题随着改革进程的推进也越发凸显。"预算软约束"一般是指国有企业在发生亏损的情况下，作为国有企业实际出资人的政府进行投资追加、贷款发放、税收优惠、财政补贴等行为（Kornai，1986）。预算软约束的存在，直接导致了国有企业经营效率和资源配置的低下，削弱了国有企业参与市场竞争的积极性；同时，国家不断为经营效益不佳的国有企业进行补贴与扶持，不仅不利于以公平效率为特征的市场经济的建立，同时也加重了国家所担负的财政压力。

此外，国有企业绩效水平低下也是亟待解决的问题之一。掌握着国家经济命脉并拥有众多优势政策的国有企业，为何没能将这种资源优势转化为经济效益优势？在对国有工业企业和非国有工业企业的毛利润率和净利润率分析后发现，在扣除费用前，国有工业企业的毛利润率显著高于非国有工业企业，然而在进一步剔除费用后，非国有工业企业的净利润率却后来者居上，高于国有工业企业

(易纲、林明，2003）。由此，在对国有企业绩效水平进行管控的过程中，如何权衡收益与成本，强化费用控制，是提高国有企业绩效水平的关键。

当然，微观层面上国有企业还存在着比如债务负担过重、创新能力不足、员工积极性不高、冗员严重等管理问题。这就要求从财务绩效、价值创造和公司战略的路径出发，加快战略性管理控制机制的构建。

二　提高资本投资效率与管理控制之间的矛盾

资本投资的战略性管理控制机制就好比是驾驶一辆汽车。方向盘、加速装置和刹车让驾驶者能够控制汽车的方向和速度，仪表盘提供行驶速度等数据，提醒驾驶者可能存在的汽车隐患。像一辆高速行驶的赛车，表现越是优异，就越是需要出色的战略性管控机制对企业的运行状况进行监测，以便充分发挥资本投资的效力，提高投资效率，防范企业的风险。

（一）平衡投资效率的增长和控制

随着国有企业经济体制改革的不断推进，参与社会主义市场经济体制竞争，追求国有资本投资高效和利润增长已成为当前国有企业的改革方向。优秀的国有企业管理者会注重国有资本的投资方向，寻求国有企业利润的增长。为此，国有企业管理者可能通过各种方法寻求增长的突破点。比如，淘汰旧产品开发新产品、运用新技术、增加产品附加值、加紧企业信息化建设等。

优秀的国有企业管理者，懂得"控制"对企业可持续发展的重要作用。只有企业拥有有效的控制机制，管理者才有精力去寻求投资高效与利润增长的机会；只有保证投资效率并不断获取利润的企业，才有存在于市场中的空间。过分关注投资高效和利润增长只会给企业带来风险。这种一味追求高效率与高利润的战略方向增加了管理层在向下级传达意思表示时的"噪声"，会给企业员工传递相似的价值观念，员工可能据此进行对企业造成较大风险的投资行为。

投资效率、利润增长与控制具有天生并长久的矛盾。无法保证投资效率的企业是无法取得持续性利润增长的，再好的控制措施也拯救不了企业危机；但投资高效、保证利润的企业若是缺乏有效的控制措施，同样会陷入危机。如果国有企业管理者简单地将企业实现利润增长等同于有力的控制机制，那么迟早企业会在运转与投资环节出现问题与风险。也许这一切就发生在明天。另外，若是企业将大量精力投入到利润极低或是亏损的项目中，越高的销售额或越高的市场占有率对企业来说都是有害的。

综上所述，在构建我国国有企业资本投资的战略性管控系统时，需要关注投资效率、增长与控制之间的关系，应保持三者之间的动态平衡与和谐，缓和三者之间的矛盾关系。

(二) 平衡短期与长期利益和成长机会

我们在衡量国有企业投资效率问题时，常常首先关注其财务绩效，并且股票市场也会根据财务绩效对国有企业投资结果做出迅速反应。然而，财务效果往往只能反映投资的短期成果，国有企业管理者还应从长期利益角度评价投资效率问题。特别是面对一些投入大量资金进行新产品研发、新技术更替的企业，或是企业投资方向具有较长周期的项目。

战略性管理控制系统的构建对于平衡短期成果、长期利益和成长机会之间的矛盾具有重要作用。首先，战略性预算控制系统保证为达到长短期目标所需要的资源；其次，战略性评价控制系统确定企业的长短期战略目标以及达到这些目标的关键性指标；最后，战略性激励控制系统形成对评价系统的反馈，达到刺激或修正企业行为的作用。

我们将在后文对上述战略控制系统进行更为全面的讨论。

(三) 平衡不同利益群体的绩效预期

国有企业在组织结构上拥有众多的利益相关者，不同的利益群体对国有企业绩效有着不同预期。政府及其相关机构作为国有企业的实际出资人，掌握着国有企业的资源，希望通过国有企业获得稳定而充足的税收；国有企业管理者作为国有企业的控制者，可能期望通过所掌握的权力谋求个人利益和政治晋升，从而引发道德风险；国有企业中小股东，则希望更多地参与到公司经营决策的制定与执行中，并实现自身获取"分红"的权利；国有企业生产资料的供应商，希望获得更高的经济利益回报；消费者则希望通过更低廉的价格购买到价值最大化的商品。

不同主体的绩效预期彼此偏离或冲突，这就需要国有企业管理者权衡这些利益相关者的关系，在这些不同的绩效预期中谋求平衡并同时实现国有企业的可持续发展。合理的战略性管理控制系统能够很好地认知这些矛盾并加以平衡。

三　资本投资计划与战略方向选择

将战略转化为实际经济行为的过程中，需要估计预期销售水平，在确定预期销售水平后就需评估完成这些销售所需要的新资产投入量。在这里可以将需投入的资产划分为营运资产和长期资产两类，而长期生产性资产的投资计划便称为资本投资计划。

通过分析和决定为了满足既定战略需求而必需的长期生产资料水平，资本投资计划反映和支持了战略趋势，它使企业局限于一定的战略选择中。例如，国有企业决定淘汰旧生产线装配新生产线的决策、改变核心生产技术的决策、构建ERP信息系统的决策等，这些行为会在相当长的一段时间内决定企业的发展方向和经济活动，可以说，资本投资计划在很大程度上决定了企业战略的顺畅实施与否。而且，资本投资计划往往涉及大量资金，一旦投入就很难逆转，这就要求国有企业管理者在制订资本投资计划时应非常谨慎。决策权的合理划分以及战略制定的科学性都是需要关注的问题。

资本投资计划将购置计划与其商业战略相联系，加强了新资产与既定企业战略目标之间的沟通，避免了新资产脱离企业战略的状况，确保资源按时按量到位，保障企业战略成为现实。

第三节　战略性管控机制构成

由于我国治理转型的背景和国有企业特有的契约因素及其衍生的管理因素导致的资本投资效率低下是实现国有资本保值增值目标的"瓶颈",构建战略性的管理控制系统是提高国有企业资本投资效率的关键所在。笔者构建了以国有企业为核心主体,以国家发展改革委、相关部委、国资委、财政部为辅助主体,以政府管制、公司治理控制、管理控制为实现手段,以评价控制、预算控制、激励控制等子系统为中心的国有企业资本投资的战略性管理控制系统(见图7-1)。

一　主体

根据宏微观视角划分的控制主体为处于国有资本配置过程中的相关者界定了权责利益导向。国家发展改革委为国有资本投资提供了国有资本优化配置的战略目标导向,国资委为国有企业资本投资提供投资监管和业绩考核政策。财政部为国有企业资本投资的相关人提供了行为导向和规范。国家发展改革委、国资委和财政部等是给国有企业资本投资施加战略性管理控制的"施压方",国有企业自身是资本投资战略性管理控制的"主控方"。

二　维度

从政府管制、治理控制和管理控制三个层次构建国有企业资本投资的战略性管理控制系统。战略性管理控制模式应包括预算控制(属于过程控制)、评价控制(属于目标控制)和激励控制(属于利益控制),这些控制模式需要政府管制、治理控制和管理控制相互配合,从结构、过程和结果三个方面提升国有企业资本投资效率以及可持续发展。

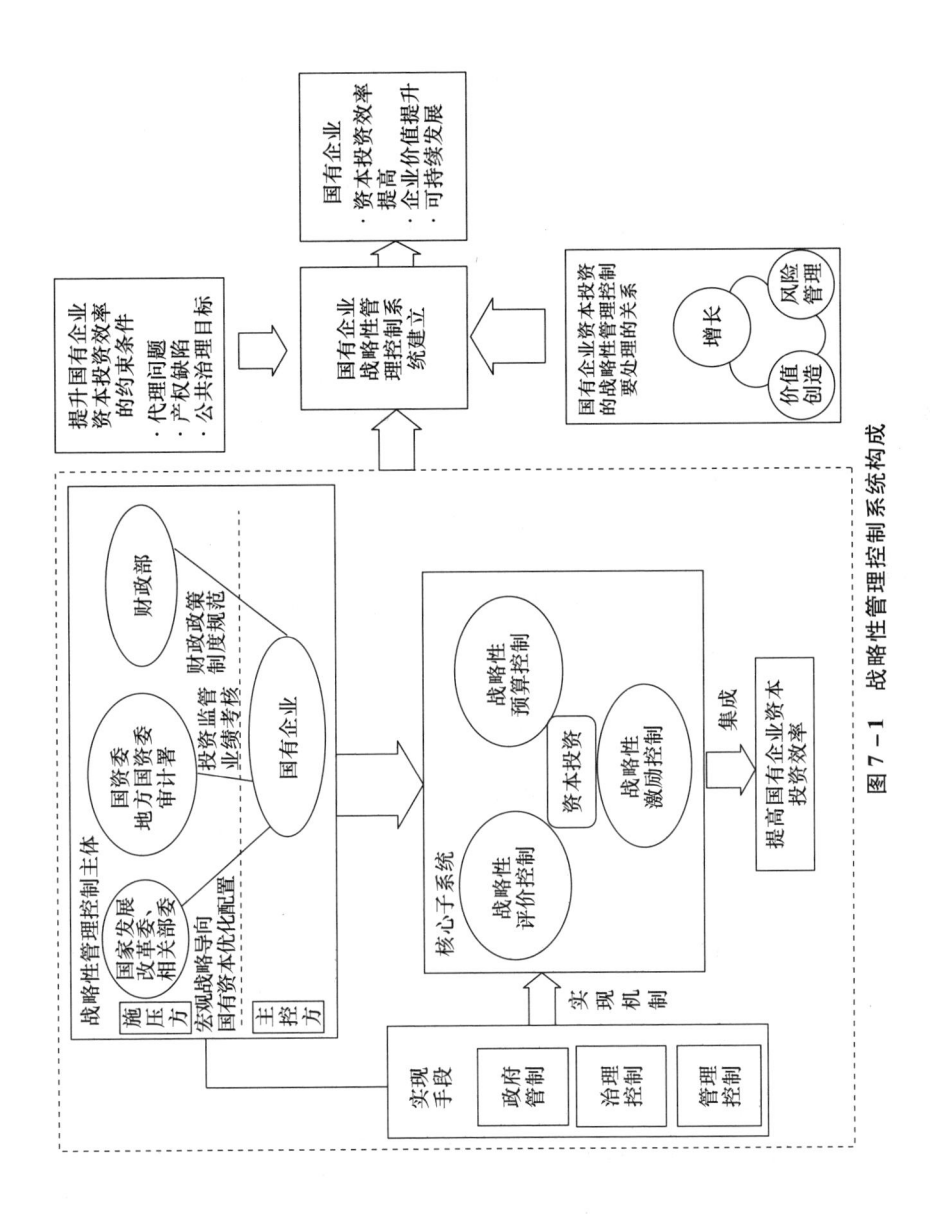

第七章 国有企业资本投资的战略性管控模式

图 7-1 战略性管理控制系统构成

三 出发点

为构建国有企业资本投资的战略性管理控制系统，必须站在战略的高度，因为公司战略决定资本投资方向，资本投资是实现战略规划的根本途径，战略执行需要将战略转化为利益相关者公认的可操作的企业价值创造层面，使企业组织流程与战略协同，将战略转化为系统的流程，并落实到资本投资项目实施的每一个环节（预算控制），根据财务绩效考评（评价控制）进行激励与约束（激励控制）。

四 目标

资本投资控制具有战略性、平衡性与全程性的特点，必须从财务绩效、价值创造和公司战略的路径出发。战略性管理控制要处理的关系：从财务战略角度——管理增长；从价值创造角度——追求回报；从财务绩效角度——管理风险。

另外，构建该系统，要立足于中国国情，考虑国有企业特殊的代理问题、产权缺陷以及公共治理目标等约束条件，建立系统的宏观政策与管理对策体系以确保其运作效率。

第四节 战略性管控主体及层次

在讨论国有企业资本投资战略性管控机制模型具体构建之前，应先厘清两点问题。一是确定该模型中所涉及的利益主体，从而合理地划分主体间的责任并赋予权力；二是对整体管控模型层级进行划分，以清晰的管控层级架构推动战略的分解和执行。

一 战略性管控主体

在国有企业资本投资战略性管控机制模型中，主要涉及两方主体。一是以国家发展改革委、国资委、财政部为代表的资本投资战略性管理控制的"施压方"；二是以国有企业自身为主的资本投资战略性管理控制的"主控方"。根据宏微观视角所划分的控制主体为处于国有资本配置过程中的相关者界定了权责利益导向。

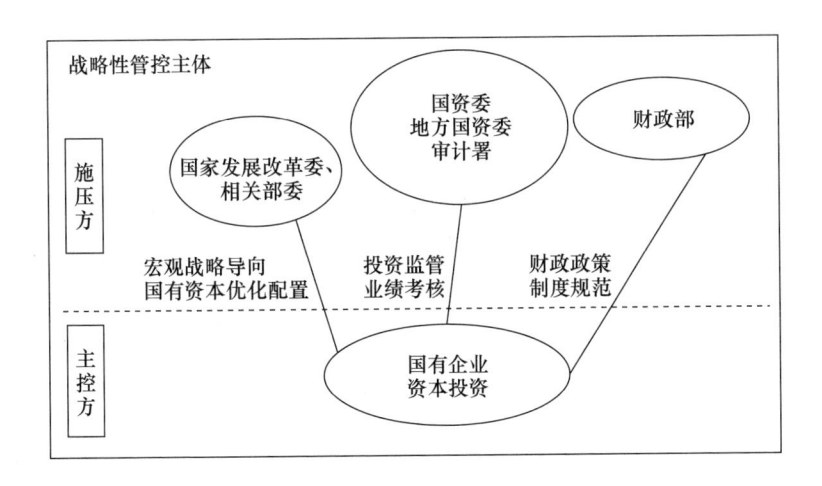

图 7-2 战略性管控主体

（一）战略性管控"施压方"

国家发展改革委作为国务院组成部门主要承担着监控宏观经济形势，制定和实施国民经济和社会发展战略、中长期规划的职能。在国有企业资本投资战略性管控中，国家发展改革委及相关部委发挥着为国有资本投资提供国有资本优化配置的战略目标导向的职能。

国资委是根据第十届全国人民代表大会第一次会议批准的《国务院机构改革方案》和《国务院关于机构设置的通知》设置的，代表国家履行国有资产出资人职责。其监管范围是中央所属企业（不含金融类企业）的国有资产。国资委、地方国资委及审计署为国有企业资本投资提供了投资监管和业绩考核政策。

财政部是负责财务的国务院组成部门，主要负责制定国有资本经营预算的制度和办法，审核和汇总编制全国国有资本经营预决算草案，收取中央本级企业国有资本收益，制定并组织实施企业财务制度，按规定管理金融类企业国有资产，参与拟订企业国有资产管理相关制度，按规定管理资产评估工作。财政部为国有企业资本投资的相关人提供了行为导向和规范。

以国家发展改革委、国资委、财政部为代表的资本投资战略性管理控制的"施压方"，发挥着指导国有资本投资方向、监控和规范国有资本流向、考核国有资本投资效率的重要职能。以国有资本经营预算制度的提出与推行为例。早在1993年，中共中央便发布了《关于建立社会主义市场经济体制若干问题的决定》，其中阐述了"建立政府公共预算和国有资产经营预算"的内容。在其后的各种政府工作文件中，关于建立国有资本经营预算的讨论便一直在持续。根据这一指示精神，国家发展改革委于2005年提出《国务院关于2005年深化经济体制改革的意见》（国发〔2005〕9号），提出"完善国有资产管理体制和监管方式，进一步完善出资人制度，建立国有资本经营预算制度"的意见，明确了国家对于建立国有资本经营预算的战略导向；为了明确在该预算编制过程中的职责分工，国资委于2008年制定了《中央企业国有资本经营预算建议草案编报办法（试行）》并于2010年发布《关于完善中央国有资本经营预算有关事项的通知》；而财政部也相继发布了《中央国有资本经营预算编报试行办法》以及《中央国有资本经营预算编报办法》，为该预算的实施提供了具体的行为准则和规范。在"施压方"的积极努力下，各地国资国有企业在预算约束内确保了国有资本的投资方向符合国家总体战略规划，并以此促进了经济结构的优化升级，增强了国有经济的竞争力，实现了国有经济战略性调整的目标。

（二）战略性管控"主控方"

在基于战略管理理论的提升资本投资效率的"战略管理观"中，国有企业自身作为国有资本投资主体，发挥着战略性管理控制"主控方"的作用。

战略管理大致可以分为战略制定与战略实施两部分，"施压方"通过政策导向与制度规范完成了战略制定的步骤，而国有企业自身作为"主控方"则要关注于在所遵循的战略约束内,将战略落地与执行。为了达到这一目的,"主控方"就需要将战略转化为利益相关者所公认的可操作的企业价值创造层面,使企业组织流程与战略协同,将战略转化为系统的流程。具体而言,即是从资本投资项目实施前开始,通过预算控制实现对资本投资事前的控制;在资本投资项目进行中,通过评价控制对其财务绩效进行考评,实现对资本投资的事中掌握;在资本投资项目结束后,通过激励控制对资本投资结果进行反馈,从而鼓励或约束下一轮的资本投资项目,以形成一种良性的循环机制。

只有"主控方"充分发挥能动性,适应市场竞争机制,摆脱以往被管得过严过死的状况,从预算、评价和激励三方面共同入手,加快国有企业资本投资改革步伐,积极适应市场竞争机制,才能从根本上杜绝国有资本投资效率低下的现实问题,有效构建国有企业资本投资战略性管控机制。

二 战略性管控层次

国有企业资本投资战略性管控模型主要分为三个层次:一是宏观层面,国有资本是如何在不同地区、不同经济部门间进行合理配置的;二是中观层面,主要是基于投资者保护理论的公司治理机制,对企业投资决策及投资效率的影响机制;三是微观层面,通过何种方式来提升投资效率。从宏观视角来看,政府往往重视投资项目和规模,往往忽视"技术"视角的效率问题。从中观角度来看,治理功能缺陷直接影响投资效率。从微观角度来看,国有企业非效率投资有治理因素,但最重要的还是管理问题。

(一)宏观—政府管制

大多数的学者认为,私有化大大地降低了政府对企业活动的干预,这样可以提升企业的自主经营权,改善企业的投资效率和企业价值(Cull and Xu,2005;刘小玄,2005;Boubakri,Cosset et al.,2008)。而且,引入私有股权以后能够提高国有企业的收入水平和产出效率(Sun,Q. and W. H. S,Tong,2003)。从理论上讲,国有企业引入其他性质股东以后,其内部的监督和激励作用应该加大。但是,实际效果却取决于政府是否能真正的"放手",也就是说,产权激励是否得到改善和政府是否能够真正的不干预(丁友刚,2011)。只有政府和企业各司其职,以优胜劣汰的市场化准则对企业进行激励和约束,才能够提高国有企业的投资和经营效率。

此外,地区市场化程度与政府干预的程度相关(张功富、叶忠明等,2011;钟海燕、冉茂盛等,2010),市场化进程,一方面有利于良好的市场环境和竞争制度的建立,促进企业之间的公平竞争,加大国有企业的积极性。另一方面能够改善信息的传递作用。有效的市场能够及时地传递信息,企业经营成果和财务状况也能够在市场中得到反映,这对管理者来说形成了一种无形的监督和约束作用,从而能够有效地改善企业内部的代理问题。

党的十五大报告提出,要对国有经济布局进行战略性调整,在符合社会主义市场经济整体目标的前提下,对国有企业部门进行改革,确定需要继续保留和发展的国有企业部门,以及需要退出的国有企业部门,对于需要保留和发展的国有企业部门,要确定有哪些部门国有企业需要保持垄断或控制的地位,而有哪些部门国有企业无须保持垄断或控制地位。在我国当前的社会主义市场竞争体制下,为了在宏观上建立有利于国有资本投资的环境,必须从政府管制的方向和水平着手,进一步加强政企分开,加快国有企业股份制改革甚至完全私有化,建立有利于竞争的市场化经济环境,从根本上提升国有企业主动性。

(二) 中观—治理控制

许多理论与实证研究已经表明,基于投资者保护的公司治理机制与企业投资决策及其投资效率有着密切的关系。国家制度背景对投资者保护机制与公司治理机制有着深刻的影响。投资者保护程度较强的国家,是指该国家拥有较为完善的保护投资者的法律条款,包括公司法、证券法、商法等,并且以上法律的执行情况良好。当投资者受到较好的法律保护时,他们更愿意购买企业发行的证券,以换取未来的投资回报，这样又使得企业愿意发行更多的证券来筹集资金。良好的投资者保护机制对投资者信心的培育、个人私利的抑制、公司资本结构的完善、公司融资成本的降低以及公司价值的提升，都具有重要影响。

然而，我国证券市场的投资者保护机制仍然处于发展阶段，仍是一个需要不断完善的过程。尤其对于国有企业的控制，虽然国家出台了近百部与保护投资者利益相关的法律，但在投资者保护方面法律制定和法律执行力度方面不够完善（MacNeil，2002；Allen，Qian et al.，2005）。与世界上其他国家的法律体制相比，中国的法律系统效率性、律师行业整体水平、对产权的保护程度都有待加强（Djankov，La Porta et al.，2003；La Porta，Lopez－de－Silanes et al.，2004）。在目前我国对投资者保护水平仍然较低的情况下，政府作为国有资本的最终控制者，加剧了国有企业管理者与股东之间的代理问题与利益冲突。由于国有资本的特殊产权属性，其在融资时更易获得国有银行的支持，这就可能引起债务约束机制的缺失、国有企业管理者监督的不到位等一系列治理问题。这些治理功能缺陷很可能为管理者出于自身利益等原因进行国有资本非效率投资提供了便利，从而直接影响国有资本投资效率。

（三）微观—管理控制

在宏观上使国有资本在不同地区、不同经济部门间达到合理配置，在中观上建立较为完善与合理的投资者保护机制，而所有政策措施的最终的落脚点，是在微观层面以行之有效的现代企业管理方法提升国有企业投资效率。

自1978年至今，我国国有企业改革已经走过了30多年的历程。1993年，党的十四届三中全会通过的《中共中央关于建立社会主义市场经济体制若干问题的决定》明确提出，要在国有企业中建立有利于国有企业长期发展的现代企业制度。在经历了二十年的发展历程后，党的十八届三中全会再次重申，要推动国有企业完善现代企业制度。产权明确、权责合理、政企分开、监督有效、管理科学的现代企业制度，从根本上说，就是要以行之有效的现代企业管理方法提升国有企业投资效率，这就需要与之相对应的国有资本出资人制度、董事会制度、监事会制度以及国有企业基础党组织制度、职工民主管理制度等的相辅相成。在明晰的制度框架内，立足于战略管理理论，充分考虑我国的治理转型背景和国有企业特有的契约因素和管理缺陷，协调管理当局与利益相关者之间的关系，从战略规划上把握资本投资机会，从战略预算、战略评价和战略激励三方面具体执行手段上，提高投资收益水平和风险控制能力，以现代企业管理方法提升国有企业投资效率。

第五节　战略性管控核心子系统构建

从钱德勒首先提出战略对于组织的重要性以来，对战略与组织发展关系的讨论从未停止过。美国哈佛大学学者罗伯特·N.安东尼提出："管理控制是管理者影响组织中其他成员以落实组织战略的过程。"可见，战略与管理控制有着密切的联系，战略是管理控制的前提。战略的重点在于其长期性和方向性，而管理控制的目的则是确保战略的有效施行；战略的提出和制定往往只涉及组织中的一小部分成员，而管理控制的过程则是组织各个层级全部成员共同执行的结果。战略与管理控制是组织链条密不可分的两端。

随着我国市场化进程和2000年以来的国有企业改革的推进，国内学者借鉴国外的研究成果，开创了基于战略管理理论的提升资本投资效率的"战略管理观"。战略管理观认为，管控机制的缺陷导致国有资本整体配置和使用的低效，主张从战略出发，不仅仅局限于改变成本、收益和风险等变量，注重面向市场的计划和决策后的控制和评价问题，通过对管理控制关系的重新梳理，有利于战略资源控制和配置（汤谷良、王斌等，2009），通过管控能力的提升谋求长远发展（汤谷良，2007）。

在当前市场经济快速发展、国有经济体制迫切需要转型升级的阶段，为了应对长期累积下逐渐凸显的国有企业投资效率低下的问题，我们所要构建的国有企业资本投资管控机制必须立足于战略管理理论，充分考虑我国的治理转型背景和国有企业特有的契约因素和管理缺陷，协调管理当局与利益相关者之间的关系，从战略规划上把握资本投资机会，从战略预算、战略评价以及战略激励三方面具体执行手段上，提高投资收益水平和风险控制能力。

一 战略预算控制

战略预算控制最早出现于 20 世纪 20 年代的西方发达国家，是为了建立一套适应市场竞争机制并能增强风险防范能力的管理体制。战略预算被率先应用于美国通用汽车、通用电气等公司，并很快为世界 500 强企业所采纳和推广。正如著名管理学家戴维·奥利所说，战略预算管理是为数不多的几个能把组织的所有关键问题融合于一个体系之中的管理控制方法之一。

我国的大型国有企业从 20 世纪 90 年代中后期开始接纳战略预算的概念，并逐步尝试应用及推广。政府机构也日益认识到战略预算管理对提高国有企业管理水平的重要性，2000 年 9 月，国家经贸委发布的《国有大中型企业建立现代企业制度和加强管理的基本规范（试行）》明确提出，企业应建立战略预算管理制度；2002 年 4 月，财政部发布的《关于企业实行财务预算管理的指导意见》，进一步提出了企业应实行包括财务预算在内的战略预算管理。这些规章制度的颁行标志着战略预算管理这一科学的管理工具已在我国国有企业中进入规范和实施阶段。

由于所构建的战略性管控机制模型涉及两方主体与三层次结构，因此，我们将战略预算控制主要分为两个方面：一是战略性国有资本经营预算体系；二是国有企业内部的战略性全面预算体系。前者主要应用于"施压方"在宏观与中观层面，依据国家总体发展战略，对不同地区、不同部门的经济资源进行统一配置，侧重于从战略制定角度以预算为起点对国有企业进行约束；而后者则主要应用于"主控方"在微观层面从战略实施角度,以预算为手段,将战略性国有资本经营预算进行分析与分解,"落地""施压方"所制定的总体发展战略(见图7-3)。

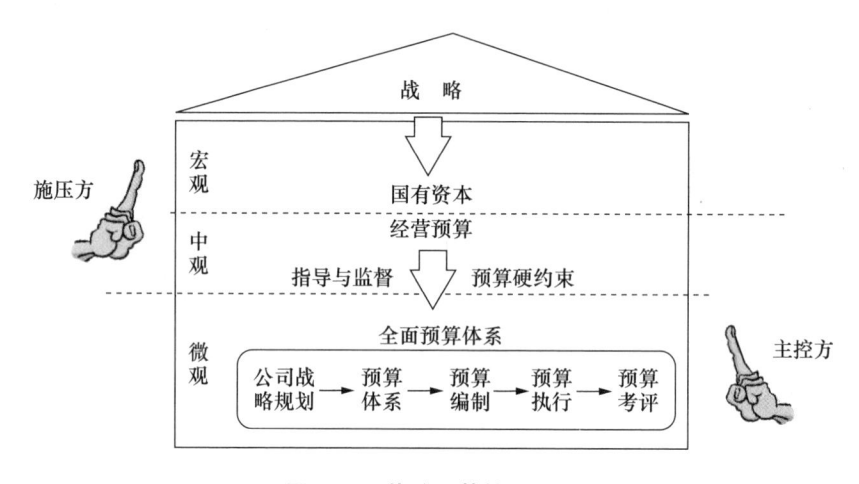

图7-3 战略预算控制总图

以战略为指导的国有资本经营预算与国有企业内部全面预算体系的结合,可以有效地将国有企业从过去所面临的各种政策性负担中解放出来。没有以政策性负担为理由软化预算约束的借口,实现从预算软约束到硬约束的转变,有利于国有企业真正融入自由竞争的市场机制中,以市场手段将国有企业投资效率拉回到正常水平。而国家作为国有资本出资方,以预算硬约束对国有企业具体经营行为进行指导与监督,则可大大增强国家总体发展战略的部署力度。

在微观层面国有企业战略性全面预算体系的构建中,应重点关注来自"施压方"的指导意见,从而将年度战略规划进行细化和分解,调动企业内外部资源支持战略的具体落地,并通过多元化的预算形式,将经营预算、资本支出预算与财务预算进行有机结合。在这种微观层面的预算体系下,可以有效地反映出国有企业的现实发展状况,从而反馈该种管理方式是否适应当前完全竞争的市场环境,以支持国家经济结构调整,促使国有企业治理结构的完善与发展。

以战略为指导的国有资本经营预算与国有企业内部全面预算体系的结合，实现了预算管理的多维度性，将预算发展为一种战略性管理控制系统，从战略制定、分解、落地、反馈等各环节确保了企业内部战略与国家整体战略的有效性。

二 战略评价控制

有关国有企业管理者业绩评价方法的讨论一直是国有企业治理问题的研究重点。2003年，国务院国资委率先颁布了《中央企业负责人经营业绩考核暂行办法》，规定对国有企业管理者实行"年度考核与任期考核相结合、结果考核与过程评价相统一、业绩考核与奖惩紧密挂钩"的绩效评价制度，遵循"依法考核、分类考核、激励与约束机制相结合"的考核原则，采取国资委与中央企业经理人签订企业经营业绩责任书的方式进行。2006年颁布的《中央企业综合绩效评价管理暂行办法》及其实施细则中，则重点关注了国有企业的盈利能力、债务风险状况，并将现金流量指标提上舞台。该办法的颁布，表明国资委从原有的绩效评价办法，转变为关注国有企业的投资风险、经营增长潜力以及未来发展高度。2009年，国务院国资委针对原有业绩评价体系的弊端和中央企业投资冲动的问题，新修订了《中央企业负责人经营业绩考核暂行办法》，规定自2010年1月1日开始实行。新修订的中央企业负责人业绩考核办法与旧办法相比，最主要的变化是在年度业绩考核基本指标中使用经济增加值（EVA）替代了净资产收益率指标，标志着经济增加值正式引入中央企业负责人业绩考核体系。而经济增加值作为中央企业负责人年度考核的主要依据，其主要目标之一就是抑制中央企业的投资冲动。至此地方国资委也陆续展开经济增加值业绩考核的准备工作。

然而，虽然国有企业经理人考核制度政策不断出台，但可以看出，政策大多比较零散，缺乏系统全面的理论与实施架构。而随着国有企业改革的不断加深、企业内外部环境的激烈变化、国有企业经营权与管理权的日益分离，如何有效应对当前形势，衡量国有企业管理人业绩以达到有效评价与约束，降低管理者代理成本，成为了当下亟待解决的现实问题。针对这一现状，我们归纳和总结了国有企业战略性评价控制模型（见图7-4），通过绩效评价推动国有企业战略实施，培养国有企业核心竞争力及长期竞争优势。

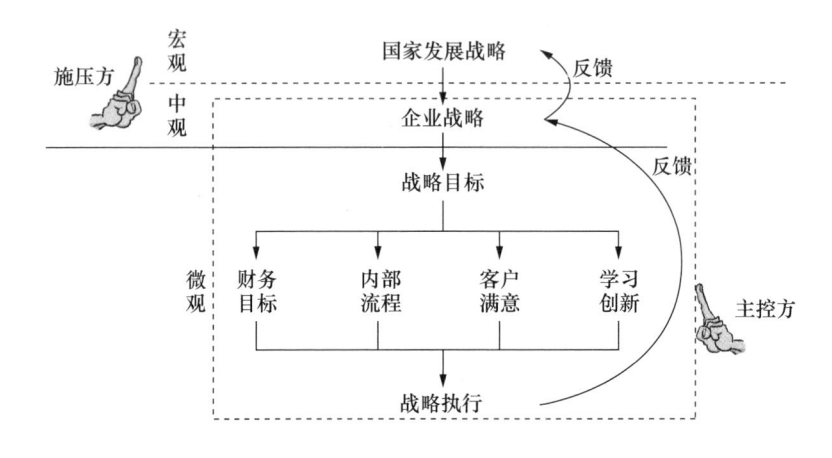

图7-4 企业战略性评价控制模型

战略性评价控制模型不同于传统的绩效评价系统，过于关注企业的财务指标，而是从"施压方"所制定的国家发展战略为起点，紧紧围绕长期战略定义企业战略进而明确短期行为，以实现从战略到具体、可操作目标和指标的转化。在战略性评价控制模型的具体构建方面，我们提出以战略为导向的多维度评价指标的构建，在财务目标的基础上，同时关注内部流程、客户满意、学习创新等其他维度，借助平衡计分卡（BSC）等理念进行多角度评价。进而通过业绩评价驱动战略执行，并以信息化手段对战略进度进行动态跟踪与修正。形成集考核、激励、约束、沟通、学习于一体的全面的战略评价管理系统。这种战略评价管控模型可以有效避免组织战略与企业行动分离的状况，并弥补单纯财务指标的短视行为，从结果与过程共同入手进行把握，从而将国家发展战略与企业长期战略同企业短期行为共同融合到管理控制体系之中。

另外，针对国有企业广泛分布于不同行业的特点，我们提出应差异化地定制行业性评价体系与考核标准。

三 战略激励控制

就目前我国国有企业现状而言，高层管理者薪酬激励与企业绩效间的相关性，各界并未形成一致结论。魏刚（2000）和谌新民等（2003）的研究认为，高管薪酬的激励效应与企业绩效间并不存在相关关系。而林浚清（2003）和唐清泉（2008）等则认为，高管薪酬的激励效应与企业绩效呈现正相关关系，即高管货币薪酬较高的，企业业绩表现也较为突出，货币薪酬起到了一定激励作用。研究结果的差异性，主要是由于样本期间、研究方法等的不同所造成的。

然而，纵观近几年这一领域的研究，笔者发现新研究的结论更为综合和全面，并提出了许多新观点。方军雄（2009）研究发现，高管薪酬与企业绩效显著正相关，并且证明高管薪酬的绩效的敏感性具有不对称的特点，即企业绩效上升时薪酬的增长幅度明显高于绩效下降时的减少幅度，而国有企业高管薪酬的绩效敏感性显著更低。吴育辉（2010）则提出，与高管薪酬显著正相关的仅有会计绩效，表明高管可能存在通过"白条利润"换取"现金薪酬"的自利行为。陈冬华（2005）指出，在职消费作为一种自我激励方法与公司绩效负相关，会使企业的薪酬激励效应降低。这些研究结论的出现，说明我国国有企业高管薪酬机制的制定是一个复杂而多层次的问题，须经多方考证与深入筹划，否则难以起到切实的激励作用。

国家对于国有企业的激励政策也经历了一段较长的变化过程。1986年，国务院发布《国务院关于深化企业改革增强企业活力的若干规定》明确指出，"凡全面完成任期年度目标的经营者个人收入可以高出职工收入的一倍，做出突出贡献的还可以再高一些"，国家首次以文件形式提出国有企业高管薪酬确定标准。2000年，劳动和社会保障部发布的《进一步深化企业内部分配制度改革的指导意见》中,规定"经营者持股数额"为本企业职工平均持股数的一倍为宜。随后,又发布了一系列《中央企业负责人经营业绩考核暂行办法(2003,2006)》《中央企业综合绩效评价实施细则(2006)》《中央企业综合绩效评价管理暂行办法(2006)》《中央企业负责人年度经营业绩考核补充规定(2008)》《金融类国有及国有控股企业绩效评价暂行办法(2009)》《中央企业负责人薪酬管理暂行办法(2004)》《关于加强中央企业负责人第二业绩考核任期薪酬管理的意见(2007)》《国有控股上市公司境内实施股权激励试行办法(2006)》。2014年最新的《中央八项规定》中所关注的七大问题,明确提出,"加强对国有企业和国有金融企业负责人职务消费等的规范"。

同我们上面所讨论的内容类似,国有企业的激励控制在不断地推陈出新,然而,所出台的政策仍旧比较零散,缺乏系统全面的理论与实施架构。第六章讨论的战略评价控制模型,旨在通过战略激励模型的构建实现对战略评价模型的有效反馈。

国有企业战略性激励机制的建立,要紧紧围绕战略性评价机制,应形成与战略评价机制共同作用的闭环。同上文所提到的评价机制一样,战略激励机制的建立同样要协调长期与短期的关系,避免过分关注财务指标的短视行为,应立足于企业的长远发展与企业整体战略目标,达到长效激励的作用。

因此,除针对财务指标、内部流程、客户满意度、学习创新等维度建立激励措施外,还应重点关注以下问题:

第一,重视组织文化及企业核心价值观建设。内容型激励理论告诉我们,人在满足了生存需要之后,会更加重视精神层次的需求。通过在国有企业中培育良好的企业文化氛围,正确引导企业管理者以及基层工作者围绕企业总体战略方向努力,形成以企业战略为出发点的思考方式,不仅可以极大地缓解代理问题,而且可以从国有企业内部形成凝聚力。

第二,重视与组织战略的动态协调。国有企业资本投资战略管控机制是一个依照组织战略动态发展的模型，战略制定是随预算与评价机制的反馈进行不同程度调整的。因此，激励机制的构建需要遵循战略执行动态，强调对战略执行情况的肯定或修正，即应根据现实状态进行适应性调整。

第三，针对不同利益相关者制定相应的激励机制。国有企业中存在不同的利益主体，而不同类型的利益主体对企业的影响程度与影响方式都存在差别。因此，在战略性激励机制制定中，应合理区分不同类型利益主体，设计具有针对性、最大化满足该主体需求的激励措施，从而实现对组织战略的长远支持。

第六节 案例分析：CA 国际集团多元化与全面预算管控模式

近年来，特别是金融危机之后，我国中央企业加速了战略转型，发展趋势多元化，市场化进程加快，公司信息越来越开放和透明。一批中央企业的核心业务基本都完成了境内外上市过程，中央企业整体上市的进程正在加快。如 CA 国际集团 2009 年引入战略投资，这一股份制改革，改变了 CA 工业的独资局面，使之成为一家多元化的股份制企业，这也为未来中航国际境外整体上市做好了铺垫。诸如此类的变化对我国中央企业的公司治理、财务与战略管控等方面提出了巨大的挑战。例如，众所周知的中信泰富事件等，引申出的是一个共同的问题——集团公司的管控出了故障。根据现有企业集团发展中存在的问题，2012 年年初，国资委主任王勇指出："从中央企业自身看，这几年中央企业整体保持了平稳较快发展，但仍然存在很多亟待解决的问题：一些企业成本费用控制不力，投资决策不科学，债务规模增长过快，亏损子公司增多，经营风险不断积累；一些企业集团管控能力不足，管理层级过多，管理风险不断累积，内控机制不健全甚至严重缺失；一些企业资源配置效率不高，产业协同能力不强，内部恶性竞争和重复建设现象较为严重。"为此，2012年在中央企业全面开展了"管理提升50年"活动，进一步深化改革，调整结构，强化管理，完善国资监管体制，全面推进做强做优，着力提升发展质量，推动管理创新。

要加大企业成本费用控制力，增强企业集团管控能力，提高企业资源配置效率，全面预算管理则是重要的、必不可少的管理控制工具。近年来，国家有关部门也一再强调全面预算管理的重要性，2006年12月财政部修订的《企业财务通则》，明确提出企业实施全面预算管理的总体目标。2007年5月，国务院国资委下发了《中央企业财务预算管理暂行办法》；2011年11月，国务院国资委又下发了《关于进一步深化中央企业全面预算管理工作的通知》，对中央企业开展和深化预算管理提出了系统的要求。

管理控制是一个伴随组织特性演变的领域。全面预算管理作为管理控制中重要的组成部分必然也会随着企业规模的扩大而不断演进。中国众多的大型集团化企业，全面预算管理的重要性也越来越突出，但同时，旧有的全面预算管理中的缺陷也不断地被放大，许多新的问题也逐渐显现。本节以 CA 国际集团为例，研究大型集团多元化企业在全面预算管理中可能存在的问题及可能的对策。

一　CA 国际集团多元化与全面预算管理压力

CA 国际集团由 CA 集团公司控股，全国社会保障基金和航空产业基金共同持股，在各大主要城市均建有全资或控股子公司，在40多个国家和地区建有80多家海外机构，并拥有8家上市公司。公司员工近7万人，客户遍及180多个国家和地区。公司资产规模逾1800亿元。公司依托信息化、投融资和国际业务拓展三大平台，积极打造国际航空、贸易物流、零售与高端消费品、地产酒店、高科技电子和资源开发六大业务板块。作为一个处于成熟期，规模较大，业务组合属典型的非相关多元化的企业，其必须拥有与公司战略管控相匹配的全面预算管理体系。

常言道，凡事预则立，不预则废。全面预算管理在企业管理中的重要性不言而喻。尤其是对于大型集团多元化的企业来说，如果没有全面预算管理，往往意味着集团的失控。

(一) 集团多元化背景下全面预算管理的功能

公司的组织结构是由决策分权系统、经营绩效评估系统及奖惩系统这三章构成，只有这三个系统相互平衡、相互协调，才能减少企业各方的利益相关者之间的利益冲突。而全面预算管理正是协调这三个系统，控制利益冲突的重要工具之一。具体而言，全面预算管理在大型集团多元化企业中最重要的四项功能就是决策分权，垂直及水平地汇总及传递信息，通过协调、磋商与签订内部契约来制定目标，评价经营业绩。

1. 决策分权

降低代理成本的一个重要方法就是将决策制定和决策执行（决策管理）以及决策审批和决策监督（决策控制）分离。而全面预算管理体系的构建正是将这四项职能区分开来的过程：首先，决策制定（编制预算）是由各级经营管理人员提出的；其次，决策审批（预算认可）是由董事会成员完成的；再次，决策执行（经营决策）是由各级管理人员负责执行的；最后，决策监督（对经营报表进行审批）是直接由董事会或类似机构完成的。

拥有相关的知识是制定正确决策的首要前提，因此，知识和决策制定息息相关，制定决策的权利和制定决策所需的知识往往由同一个人掌握。而全面预算管理正是将预算指标的决策权下放到掌握相关知识的底层管理人员手中，达到了将知识与决策权相联系的目的，从而可以有效地降低总部管理层制定错误决策的概率。

2. 垂直及水平地汇总及传递信息

全面预算管理正是通过汇总知识和信息，并将这些知识和信息水平垂直地传达给有决策权的管理人员，这个过程形成了一个完整的决策系统。如果传递知识与信息是十分困难的，那么监督掌握知识和信息又拥有决策权的管理人员也是十分困难的，这便会导致代理成本的大幅上升。

在一个大型的复杂的公司中，公司面临的一个主要挑战就是如何进行专业知识和信息的传播。如何使得公司中的管理人员与其上下级一起分享现有的知识和信息（垂直性），同时也与企业中其他部门同时一起分享知识和信息（水平性），而这些都是全面预算管理体系中设计的重要领域。

3. 通过协调、磋商与签订内部契约来制定目标

大型中央企业集团作为一个兼顾经济利益、政府职能和社会责任的财务主体，中央企业不仅要追求利润最大化，还承担着稳定宏观经济、增加就业、维护国家安全和从事科研等社会政治的功能，甚至还要承担环保、教育、扶贫以及社会和谐等社会责任。这些方面都使得中央企业的经营业务与目标往往是多元的，有时候还有冲突，平衡这些冲突，做到统筹兼顾是中央企业的重要任务。而全面预算管理通过协调、磋商与签订内部契约来制定企业经营目标就是统筹兼顾的一个重要过程，只有做到了经营目标的统筹兼顾，企业才可以平衡地发展。

像 CA 国际集团这样子公司遍布全国各地，业务板块多种多样的大型非相关多元化企业，下级部门相对于上级部门而言，对本部门职责相关的外部市场拥有更多和更具体的信息。全面预算管理作为提供信息沟通的机制，在消除上下级之间信息不对称方面能够发挥积极的作用，也为目标制定的公平合理性提供了保障。

4. 评价经营业绩

预算是对企业实际实现的经营业绩进行评价的重要标准之一。集团总部或上级部门通过预算目标和完成业绩的比较，可以了解下属子公司或下级部门取得的成绩和存在的问题。将经营业绩评价与奖惩机制有机地结合便是有效的事后控制与监督措施。

（二）集团多元化背景下的全面预算管理问题

1. 预算指标的制定与考评难以统筹兼顾

集团多元化伴随而来的是业务多元化、企业生命周期多元化、

行业特征及风险的多元化，等等，归根结底，是目标的多元化。这些显然对预算指标制定与考评公平性与合理性产生了巨大的挑战。

例如，处于市场初创期的企业，由于在产品定位、投资及融资方面存在较大的风险，通常选择以资本预算为起点的预算模式；处于市场成长期的企业，主要面临经营风险和来自现金流负值的财务风险，通常选择以销售预算为起点的预算模式；处于市场成熟期的企业，规模已经形成，追求最大化收益成为主要的目标。再如房地产行业的利润率较高，但资金压力是其最大的风险；而零售行业利润率较低但现金流充足，存货的周转是其最大的风险。显然对预算指标的考评不能一视同仁。

如果预算考评的公平性不足，那么预算激励也会有失公允，预算指标便丧失约束作用，甚至会使整个预算工作失去应有的功效。

2. 预算博弈的负效应

对于本部门利益最大化的追求动机使得不同部门的目标出现差异，编制预算计划事实上就是一个相关利益主体之间为追求自身利益最大化进行讨价还价的博弈过程，而这个过程的结果又会影响到相关利益体之后的经营及财务行为。博弈过程的成本以及结果可能带来的负激励便是预算博弈的负效应。一般来说，企业的规模及多元化程度与预算博弈的负效应是成正比例关系的。

（1）博弈过程的成本。绝大多数的预算是在一线管理人员与高层管理人员不断协调、磋商的过程中制定的。一线管理人员倾向于将目标定得比较低，从而确保他们能实现预算指标，并获得有利的报酬；而高层管理人员则倾向于将目标定得较高，从而激励一线管理人员花费额外的努力去实现这些目标。但问题在于，大型集团多元化的企业层级及部门都较多，各级各部门专门知识差异化严重，因此这种垂直与水平多层次博弈下的预算结果往往损害的是集团公司的整体效益，带来预算编制和审核的低效率。

另外，如果子公司管理者在集团拥有的权力越大，级别越高，在公司领导的预算评审中就越有发言权，该子公司的预算指标就越有利于绩效考核，这便容易导致预算编制结果的失真，并直接影响预算考核的公平和预算的资源分配功能。

（2）负激励。博弈的结果失真，难以公平合理，这往往加剧了各子公司盈余管理、调节业绩的行为，同时致使其在下一次预算编制的磋商中更多地关注博弈策略及奖惩措施，而不是企业自身的发展目标，预算松弛现象便会产生。这样的恶性循环势必会损害企业的整体利益，扭曲企业的战略目标。

3. 预算的具体工作开展不力

企业内部工作开展不力往往来自两方面：人手不够与制度不合理。随着企业业务的多元化，子公司数量的增多，海外市场的拓展，预算工作的强度与难度都呈几何倍数增加，这就要求预算管理工作不仅需要丰富的专业技术知识，掌握第一手的生产资料，更需要既懂经营又懂生产技术的复合型人才。人才队伍建设跟不上企业规模的扩大，这也是预算的编制水平不高、控制与监督不力的主要因素之一。

随着企业规模的扩大，层级增多，往往制度建设跟不上脚步。例如，组织机构建设不合理，决策制定和决策执行（决策管理）以及决策审批和决策监督（决策控制）没有有效分离，这便会导致预算的控制与监督不力。再如，预算编制流程没有固化，预算的编制体系每年总会因为各种原因有一些更改和变化，这便给预算的编制带来了较大的负担，重复劳动过多，严重影响了预算编制工作的效率。

在中国特殊的制度背景及市场环境下，众多国有企业、中央企业发展成了大型集团多元化企业。更准确地来讲，无论是国有企业还是非国有企业，中国国有企业集团真正出于增强战略竞争优势动机而多元化的企业很少。只有少数企业集团是出于规模经济、协同效应和增强市场影响力的需要而实施限制性相关多元化。而对于大多数企业集团来说多元化则是为了迎合政府推动与政策因素，以及追逐短期利润与机会受益，最后走向了非限制性的非相关多元化。而所谓获得战略优势只是在多元化冲突后才会考虑和反思的问题。这种欠思考的非相关多元化，往往对管理提出了巨大挑战，加大了集团多元化的风险。

集团多元化的风险因素增加了企业的知识传递成本与委托—代理成本，加大了信息不对称，给集团多元化背景下的全面预算管理带来了更多的问题与挑战。

第一，企业的非相关多元化扩大了企业的风险暴露面，如果预算指标的制定与考评难以做到统筹兼顾与公平合理，便会加大子公司原有的风险因素，从而适得其反。

第二，不同的行业需要不同的知识、能力和资源，当企业复杂程度上升的速度超过了信息传递和知识转移的速度，甚至构成了信息传递和知识转移的障碍时，便会增加企业传递知识的成本，加大信息不对称，从而增大预算博弈的负效应，加大预算编制与考评的难度。

第三，企业的多元化导致企业组织复杂程度的增加。组织复杂性会使信息的传递产生畸变、迟滞和衰减，这些问题的出现将使信息传递不但不能降低不确定性，反而还会由于错误信息和噪声的增加而增大不确定性。这同样会加大信息不对称，从而增大预算博弈的负效应，加大预算编制与考评的难度。

第四，组织复杂程度的提高将导致集团可控性和经营可预见性的降低，这会增加预算具体工作开展的难度。

第五，企业的多元化会导致委托—代理层级增多，委托—代理成本增加，这会增加预算博弈的负效应，也加大了预算控制与监督的工作难度。

另外，全面预算管理作为协调并包含决策分权系统、经营绩效评估系统、奖惩系统的重要管理工具之一，它通过信息汇总及传递降低了知识传递成本，削弱了信息不对称，通过考评与奖惩加强了集团的管控，这些突出功能则可以有力地弱化集团多元化的风险。

集团多元化加大了集团多元化的风险，而全面预算管理作为企业集团管控的重要工具之一，一方面它受到集团多元化风险的影响，暴露出了更多的问题；另一方面它在集团管控及信息传递方面的功能又可以极大地弱化集团多元化的风险。因此，要想降低集团多元化带来的风险，企业就必须采取措施努力加强全面预算功能，并努力规避可能产生的全面预算管理问题。

（三）集团多元化背景与全面预算管理的整合分析框架

本案例所采用的 CA 国际集团多元化与全面预算管理的整合分析框架如图 7-5 所示。

二 CA 国际集团多元化全面预算管理存在的具体问题

（一）预算编制的博弈过多

预算是在总体资源有限的前提下对不同部门可支配资源的安排、配置和调整。预算管理，事实上，是一个相关利益主体之间讨价还价的博弈过程，对于本部门利益最大化的追求动机使得不同部门的目标出现差异，同时，法制制度和公司契约的刚性约束又决定了这种差异是总体目标一致框架下的差异，因此，只要存在部门的目标差异以及他们赖以活动的平台空间，就会有预算博弈存在的可能。CA 国际集团预算的编制采取的是自上而下与自下而上相结合的模式，先由公司董事会确定年度预算目标，再由集团各子公司、职能部门分别编制各自单位的年度预算，最后财务总部汇总各单位预算交付公司领导审批。在预算管理的博弈过程中，作为预算具体编制和执行机构的各子公司、事业部，出于经济人的理性，为获得年度绩效考核的优胜或者预算年度现金流的宽松等，其必然在预算编制的过程中留有余地，预算指标保持"非饱和"状态。对于公司董事会来说，其作为预算博弈中的一个局中人——委托人，享有预算目标下达和审批的权限，其策略空间为（批准，不批准）。而博弈中的另一局中人——代理人，负有预算编制和执行的责任，其策略空间为

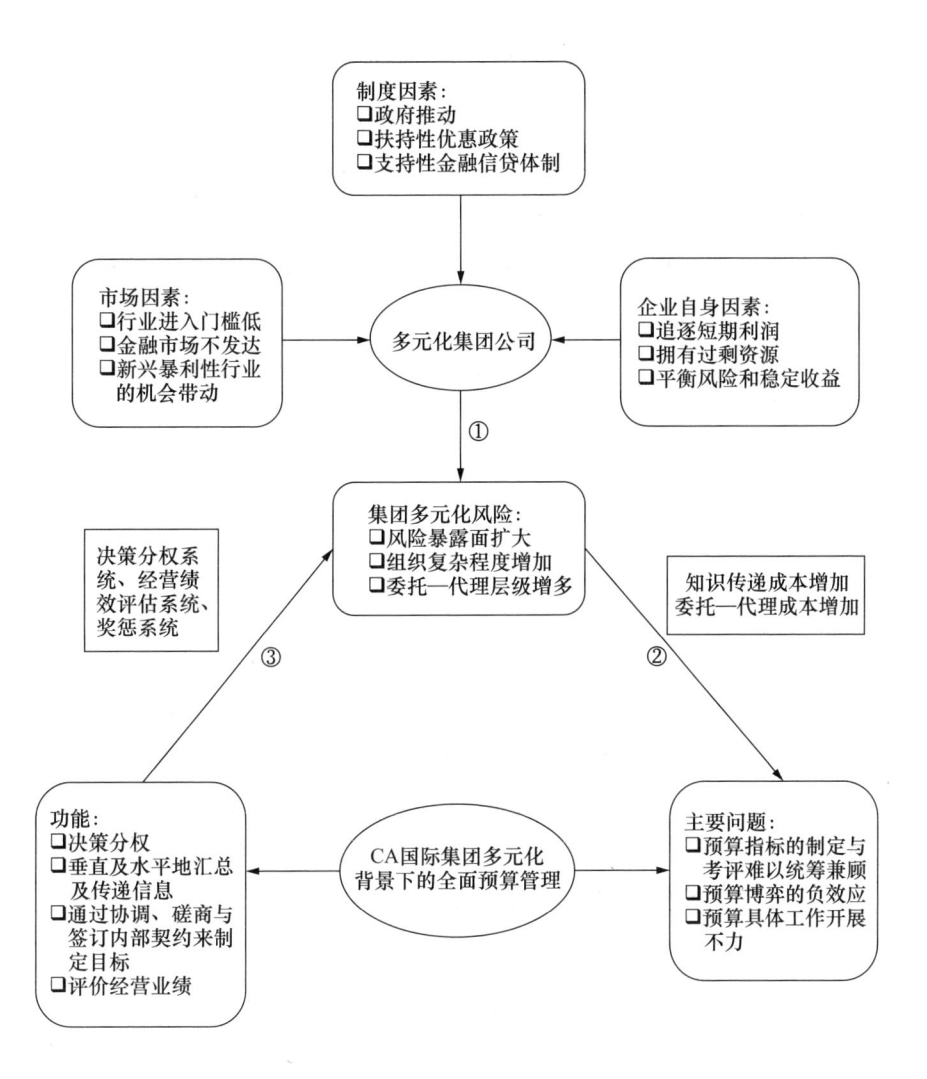

图 7-5 CA 国际集团多元化与全面预算管理的整合分析框架

（虚报，实报）。只有集团的合并预算能够达到其经营战略的发展目标，委托人的目标才能够实现，其占优策略才是"批准"。而代理人只有在"虚报"的"非饱和"预算得到了公司董事会的批准，其占优策略才能得以实现。由于信息不完全和不对称的存在，对于某一个公司来说，虚报这种"非饱和"的预算并不会引起公司高层的注意，但是，众多"非饱和"预算的集合必然损害集团整体的经济利益，不满足公司战略发展的目标要求，导致预算全部无法通过董事会审批，博弈双方的占优策略都无法达成。

为了平衡委托—代理双方的关系，博弈的双方都需要做出一定的让步。对于 CA 国际集团来说，代理人的妥协是必然的选择，而公司董事会也会根据第一稿预算修订其审批标准。当然，代理人的妥协也并不意味着所有的代理人都需要妥协，因为从集团公司的角度来说，总体目标的实现是各个子公司共同作用的结果，只要总体目标能够如期实现，下属子公司的预算是否完全真实地反映了各自单位的实际情况并未被决策层所了解。这又导致另一层面的博弈问题——代理人与代理人之间的博弈。子公司管理者在集团拥有的权力越大，级别越高，在公司领导的预算评审中就越有发言权，该子公司的预算指标就越有利于绩效考核，其编制"非饱和"预算的可能性就越大。同样，当该子公司"一如既往"地超预算完成年度经营计划时，其管理者也将更加获得领导的肯定、更大的优惠和更多的权限。弱势单位则正好相反，这就形成了集团预算编制的"马太效应"，即强者越强，弱者越弱。但问题在于这种多层次博弈下的预算结果往往损害的是集团公司的整体效益，带来预算编制和审核的低效率，致使预算编制结果的失真，并直接影响预算考核的公平和预算的资源分配功能。

(二) 预算指标制定不合理

CA 国际集团是多元化的战略控股集团，拥有国际航空板块、国际贸易板块、大宗贸易板块、电子高科技板块、地产与酒店板块、零售与高端消费品板块、资源投资与开发板块和支撑服务平台等板块。各板块行业特征不同，各有特点，然而，目前 CA 国际集团的预算指标下达采取"一刀切"，并没有区分各业务板块。集团对预算指标设置了 A 值与 B 值，B 值为基本值，A 值为冲刺值。然而对于 A 值、B 值制定的依据缺乏量化的考量，特别是 A 值几乎流于形式，失去了本来的意义。根据集团 2012 年《关于落实进一步提升效益和效率、降低风险的指导意见的通知》要求，各子公司净资产收益率力争达到10%，资产负债率控制在78%以内，销售净利率力争3%，扣除地产业务的经营活动现金流量为正，等等。然而，根据问卷调查的结果，认为预算指标较难完成的子公司占26.83%，并且为了达到预算指标存在或偶尔存在盈余管理的子公司高达48.78%，可见，集团下达的预算指标并不合理。

（三）预算的执行控制不够

预算控制是对预算执行过程的控制，它是预算目标能否实现的关键。无论预算编制得多么科学、合理，但是，如果没有强有力的执行措施进行保证，预算目标也都难以实现。因此，预算执行的控制是全面预算管理的重要环节，也是达成预算目标和企业战略目标的关键。通过我们的调研与问卷反馈情况发现，CA国际集团在预算的执行控制方面存在下列问题。

第一，全面预算管理涉及企业的方方面面，财务部门作为企业的一个职能部门也并不能了解到其他部门的工作情况，因而也就无法客观地对其他部门进行监控。预算执行的事中监控也往往流于形式，难以有效实施。

第二，在制度规范中缺乏明确的预算执行控制流程和有效的监控措施，以事后控制为主，缺乏事中控制措施，没有建立有效的预警机制，预算的编制与执行是"两张皮"。同时，预算监控以手工审批为主，缺乏有效的工具和手段以支持动态过程的监控。

第三，在预算调整控制方面，虽然公司已有明确的制度规定和操作流程，但缺少明细的权限分配，当企业内部、外部环境发生突变时，预算调整工作难以快速跟上，缺乏高效的预算系统软件，不利于预算控制、评价、激励作用的发挥。

（四）预算考评体系有待改进

预算考评是对企业内部各级责任部门或责任中心预算执行结果进行的考核和评价，是管理者对执行者实行的一种有效的激励和约束形式。全面预算的考核集中了预算的编制与控制，考评人员不仅要通晓预算编制的原理、程序和方法，还要熟知预算的执行与控制;不仅要能够编制财务预算,还要了解业务预算的编制;要能够独立地进行预算分析和差异鉴证。这就要求预算管理工作不仅需要丰富的专业技术知识,还必须充分了解生产实际,掌握第一手的生产资料。目前,CA 国际集团的预算编制与考评主要由财务部负责,既懂经营又懂生产技术的复合型人才极为缺乏,这也是预算的编制水平不高、考评分析不到位的主要因素之一。由于缺少对各项业务进行深入的调研和分析,各业务预算未能建立具体标准,供预算编制和预算审核所能参考的经验数据缺乏,使预算评价和预算审核更加被动,同时也带来了预算编制的投机,导致预算结果失真,预算的考评也难以起到应有的作用。

(五)预算激励不足

科学合理的激励制度是确保企业全面预算管理系统长期有效运行的一个重要条件。明确的激励制度,可以让预算执行者在预算执行之前就能明确其业绩与奖励之间的密切关系,使个体目标与企业预算整体目标紧密地结合在一起,从而使得人们自觉地调整、约束自己的行为,激励他们努力地工作,提高工作效率,全面完成企业预算指标。因此,在企业开展全面预算管理工作中,我们一定要确立以人为本的管理理念,十分重视相关激励制度的设计与执行,以全面提高预算工作的效率和效果。但根据我们的问卷反馈情况,有 48.78% 的被调查者表示预算激励制度不够,有 26.83% 的子公司预算执行情况不与公司员工薪酬挂钩。预算的考评和奖励措施落实并不到位,这使得激励不足或不合理成为影响企业预算目标无法很好实现的重要因素。因此,设计合理、完善的预算激励制度,发挥预算考核的激励作用也是中航国际集团预算管理迫在眉睫、亟待解决的问题之一。

三 完善 CA 国际集团全面预算管理体系的措施与建议

(一)调整预算管理模式

财务管控是多元化集团战略管控的核心,而全面预算管理又是多元化财务管控的先导。基于企业战略的全面预算管理其过程已不再局限于全面预算的制定、执行与考核评价过程，而在于预算指标体系结构的改变，使之与企业战略接轨。总的来说，是将财务预算指标和非财务预算指标相结合，市场化评价和内部评价相结合，结果评价与过程控制相结合，具体而言，预算指标设计的内涵如下：

（1）根据子公司不同板块和行业特点制定更具有针对性的预算指标。通过分行业（制造业划分到二级行业）统计2012年全部上市公司的主要财务指标，包括净资产收益率、总资产周转率、资产负债率、销售净利率，然后分析发现，各行业之间的主要财务指标差异十分明显，如果不区分业务板块而统一设置预算指标，显然欠妥。集团应该按业务板块区分，综合考虑行业平均水平和行业标杆企业的情况，加强预算指标的针对性。

（2）指标的绝对数与相对数的交叉使用推进平衡管理。单纯的绝对数和相对数各有利弊，只片面地强调某个绝对数或相对数是片面的。例如，如果企业在业绩评价中以 ROE 为评价的唯一标准，经营者可能通过减少净资产规模或者消极地对待净资产增长的方式来进行运作，以保证 ROE 的实现。对预算指标的选择既有绝对数，又有相对数，使预算的评价更为合理。

（3）强调风险控制。基于战略的全面预算管理着重于研究全局、长远的战略性问题，因此，它必须考虑风险因素。基于战略的预算管理体系可以初步揭示企业下一个年度的预计经营情况，根据所反映出的预算结果，预测其中的风险点，并预先采取某些风险控制的防范措施，从而达到规避与化解风险的目的。

（二）减少预算博弈的负效应

预算博弈是经济人理性选择的表现形式，因此，如果把减少预算博弈带来的负效应对策简单地寄希望于局中人的道德觉悟既不现实，也不合理。同时，我们知道：博弈是一种游戏，而控制游戏的最佳途径就是制定公平、合理的游戏规则，这就提示我们只有建立公平、合理的博弈制度，完善博弈规则，才能有效地减少预算博弈带来的负效应。

第一,完善规则的预算博弈制度。我们必须完善现有的预算博弈规则,压缩预算博弈发生的平台空间,尽可能地消除信息不对称的体制基础,将一切预算博弈行为纳入制度的约束,明晰、准确、严格界定博弈局中人的责任和权利。使博弈局中人能够明确了解自己可以做什么,不可以做什么。具体地说,包括真正做到细化部门预算,制定科学、合理的预算支出标准化体系,科学预算编制方法,严格预算申报、审核、审批程序,改进审批办法,尽可能地采取科学的手段进行定量分析,减少审批中的随意性,建立严格的内部稽核制度和实行重要岗位定期轮岗制等。

第二,建立内容全面、及时、完整的管理信息体系。预算博弈双方信息的不对称和不完全是预算博弈一系列问题得以产生和发展的根源。在预算博弈中,预算编制者和审批者之间代理人和委托人角色是既定的,但是,这并不意味着审批人必然处于劣势地位,通过改变博弈局中人的信息拥有的数量和质量对比,审批人也可以有所作为。这就提示我们要建立内容全面、及时、完整的管理信息体系,提高信息透明度,包括要有完整的会计核算基础体系、扎实的会计计量和验收基础工作,建立各种原始记录、财务资料的审核、反馈等档案管理的责任制度等,以尽可能地减少信息不对称的危害。

第三,构建有效的预算绩效评估体系。中航国际集团目前预算编制的部门博弈较多,领导权力影响较大,预算效益较低。针对这个问题,可以设定预算编制、执行的绩效评估标准,加强对预算准确性的考核。公司在对预算执行的绩效考核时,不再仅仅关注业务实际的完成额较预算多完成多少利润或少发生多少费用,还要看实际业务的发生是否遵照了预算项目进行。

(三)采用有效的预算分析方法

预算分析是预算管理中的重要环节,由预算执行部门对全面预算进行分析,发现预算目标与实际情况的差异,追究原因,能够使经营管理活动有针对性地纠正不利偏差,从而提高预算的科学性、严肃性和权威性,达到加强预算管理的目的。预算分析是预算控制过程的信息反馈,它是预算执行的逆向过程。将预算分析的过程和结果形成面向企业内部各级管理层的内部报告,一是可以有效地对预算执行情况进行事中和事后的控制以及责任辨析和业绩考核;二是可以更好地规划、控制企业的资产和收益,以实现管理的协同效应和资源的最有效配置。针对公司预算分析不够深入的问题,首先,应该深入分析公司管理层的需求,明确预算分析的思路,匡定预算分析的流程,以使预算的分析规范化、标准化。其次,要确定预算分析的领域和范围,探索预算分析的组织和开展模式,提升预算分析的工作效率。再次,要抽派专业人员定期开展专项预算分析工作,为管理决策提供重要的依据和参考。最后,要不断地总结和提炼预算分析方法,建立适合于集团自身的预算分析方法体系。

(四)完善预算考核体系,实行合理预算激励方式

一项完善的预算考核指标体系应包括财务和非财务两方面考核指标,只有包括这两方面指标的考核体系才能对企业业绩进行全方位的细致考核,正确评价企业的经营业绩。

在全面预算管理的考评过程中,须将预算的考评融入薪酬计划,在这个过程中应做到以下几点:

(1)将全体员工纳入预算考核激励体系。全面预算管理应该深入到企业的每个触角,只有全员参与,充分调动每个人的积极性,才能真正实现全面预算管理。

(2)要注意把长期奖励与短期奖励结合起来,注重激励的及时性,这既有利于企业安排现金流量,也使员工把企业的长中短期的利益结合起来。

(3)要将预算目标的实际完成数和原预算目标相结合。因为预算目标是总体发展目标在该预算年度内的具体化,将薪酬与预算考评结合起来,使每个员工更加关心企业整体的价值和整体的竞争优势,同时增加了员工的责任心。

(4)要加大个人薪酬中可变薪酬的比重,并将其与组织的预算

考评结果挂钩。

（5）针对企业不同级别、不同部门的员工采取不同的激励方式。对生产一线的员工应注重其生理需要、安全需要和社会需要，以物质激励为主；对管理层员工特别是高级管理者，在注重其物质激励的基础上，更重要的是以精神激励为主，以满足其尊重和自我实现需要。

（五）加强预算管理队伍建设

目前，集团公司的预算主要由财务部预算管理团队两个人负责，这两个人需要统筹所有子公司的预算制定、执行与评价，人员严重短缺，致使预算工作无法细化，制约了公司全面预算管理体系的建设。针对当前公司预算专门人才严重匮乏的情况，公司应增加预算管理团队人员配额，引进财务管理知识扎实、预算管理工作经验丰富的业务骨干，为预算管理工作的不断提升和优化提供人才基础。同时，进一步加快从公司内部培养预算高级管理人才的步伐，不断提高员工的业务素质和职业技能，逐步适应公司多元化、国际化发展的需要。

第八章 商业模式创新与集团管理控制模式新思路

商业模式创新是企业建立竞争优势的重要手段，也是长期取得成功的重要推动力。党的十八大三中全会指出，进一步深化经济体制改革，必须借助于商业模式创新。2013年中央经济工作会议指出，商业模式创新是化解产能过剩的根本之一。因此，为了化解产能过剩、挖掘国有企业增长潜力与推动经济的可持续增长，创新商业模式成为新一轮大型国有企业改革的方向。我国大型国有企业集团的发展始于20世纪80年代。在政府的主导和推动下，组织形式经历了三个发展阶段，从最初自愿组建的经济联合体到20世纪90年代初的企业集团，以及到目前以资本为主要纽带的母子公司制。随着国家"十二五"战略规划的逐步实施，国有企业的资本属性日渐突出，企业价值创造能力和风险控制能力逐步增强。我国大型国有企业集团被赋予特殊经营责任和战略定位（金碚，2010），作为企业组织的高级发展形式逐渐成为经济主导甚至主宰（徐传谌、庄慧彬，2010），但是，由于产权关系模糊、组织结构复杂、多元化经营甚至跨国经营的现状，制约着经营结构的调整，商业模式创新力明显不足。因此，我们试图探讨以下三个问题：什么样的治理模式有助于大型国有企业集团的商业模式创新（即从治理的角度来认识商业模式创新的路径）？如何权衡产权与战略的关系并理清大型国有企业集团的治理思路？如何构建有效的管控模式以实现战略价值？

第一节 国有企业集团商业模式创新的原动力

纵观全世界的经济发展历程，一个国家的经济发展能力及水平的提高、国际竞争地位的提升，主要依赖于大型企业集团的发展。国际经济发展史表明：发达的市场经济国家，其实力主要来源于拥有一批掌握国家经济命脉并居国际领先地位的大公司、大集团。无一例外，我们看到，在我国的经济体制改革过程中，占主导地位的是在政府推动下组建的大量国有企业集团。因此，在我国全球化和科技进步快速发展的今天，要想中国国有企业在国际竞争中领先，创新商业模式是大型国有企业集团发展的战略取向。

党的十八大报告至少有四个地方提到商业模式创新，2012年12月，中央经济工作会议讲到2013年六大任务中第三大任务也提到商业模式创新，2013年十八届三中全会讲到深化体制改革时，也提到了创新商业模式，并提到商业模式创新是化解产能过剩的根本之一。另外，从业界来看，2010年，48.89%的新兴企业家认为，技术是最重要的因素，而2011年的调查50%以上的企业家认为，商业模式是最重要的。现阶段我国经济正处于转型时期。转型时期的国有企业虽然存在很多治理和管理缺陷，制约着改革之路的前进。与此同时，作为国民经济支柱的大型国有企业集团，是否能够"服务于国家战略目标"，通过治理转型推动商业模式创新以及经济转型成为当下需要解决的关键问题。

我国的大型国有企业集团，其组建的政府行为和其生存的体制背景，曾一度造就了"行政型治理"。李维安和郝臣（2009）所述，纵观国有企业治理改革30多年的发展历程，可以发现，国有企业走的是一条从自上而下的"行政型治理"向自下而上的"经济型治理"逐步转变的转型之路。罗仲伟（2009）指出，从政企不分、所有权与经营权高度统一、政府直接管理逐渐向政企分开、所有权与经营权分离、内部管理与外部监督协同治理转变，具有渐进性。但是，由于我国特有的制度性缺陷，这种转型尚未完成，在国有企业"经济型治理"的形势下仍然存在着"行政型治理"的本质，"经济型治理"与"行政型治理"并存，表现出"双重性"特征（李维安、邱艾超，2010）。治理转型是我国大型国有企业深化改革的必由之路。不同的企业需要采用不同的治理模式，适时调整治理模式和管控模式是加快国有企业商业模式创新的迫切要求。产权明晰和战略重构往往伴随着治理转型过程，那么如何从产权和战略的视角来规范大型国有企业的集团治理呢？

第二节 产权与战略双重视角的集团治理

大型国有企业集团规范治理的过程围绕着国有企业的产权制度改革而展开。1994年11月，国务院批准百家现代企业制度试点。1995年9月，中共十四届五中全会通过了《中共中央关于制定国民经济和社会发展"九五"计划和2010年远景目标的建议》，提出："要着眼于搞好整个国有经济，通过存量资产的流动和重组，对国有企业实施战略性改组"，同时又提出"重点抓好一批大型企业和企业集团，以资本为纽带，联结和带动一批企业的改组和发展，形成规模经济，充分发挥它们在国民经济中的骨干作用"。1997年，党的十五大报告指出，要"培育和发展多元化投资主体，推动政企分开和企业转换经营机制"。至此，全国先后有2000多家国有大中型企业建立了现代企业制度，并逐步组建了一批具有国际竞争力的大型国有企业集团。1999年国家开始实施国有经济战略性调整，通过政企脱钩，大大地推进了现代企业制度改革。后几经整合，形成了如今"国资委"旗下的113家大型中央企业。根据国家统计局的数据，截至2013年年底，各级国有企业法人总数达278479个。根据美国《财富》杂志统计的2013年世界500强企业中,中国内地和香港公司为89家,其中有47家中央企业。

从产权关系来看,在国际上大型国有企业集团多是以国有资本为主线的、各种契约关系的不同组合,从而形成异质的企业集团治理模式。其基本特征表现为:一是多法人性与多层次性;二是成员企业之间存在内在的、紧密的经济技术关系,而且需要协调行动;三是国有资本作为主要联结纽带,使得成员企业可以协调行动。最为常见的是"金字塔式"、组织结构多层次的企业集团。

我国国有企业集团大多数也属于这种模式。居于"金字塔"顶端的集团企业(核心企业、母公司)通过控股,控制着少则几十家多至100~200家子公司与孙公司。在企业集团,子、孙公司是由居于"金字塔"尖的母公司衍生,共同为集团的战略目标服务。为创造出战略竞争优势,母公司(集团公司)可以依据经营战略的需要,通过调整子、孙公司的法人实体地位,改变子、孙公司与母公司分支机构的结合状态,比如把子公司改为母公司的事业部或分公司,母公司的事业部或分公司也可改为子公司。因此,这种母子公司体制与集团公司的内部组织结构有着密不可分的联系。撇开法律上法人实体的概念,从经济意义上讲,子、孙公司也是母公司的有机组成部分。

由于企业集团呈现出多法人性、多层次性,因此,集团治理有着科层管理和市场交易的特性。另外,集团成员企业虽然是独立法人,之间有着明确的产权界限,但是由于在集团内功能定位与独立法人身份的冲突,集团内部难免会出现子公司失控现象,从而导致企业集团治理失效,进而产生对企业集团模式的质疑。

最近几十年来,在欧美发达的市场经济国家,企业集团曾经占经济的主导地位。但是,20世纪80年代初期,一大批的欧美企业集团被糟糕的业绩拖垮,只有20多家成功地生存发展至今。印度管理学院加罗尔分校的 J. 拉马钱德兰(J. Ramachandran)、蒂鲁吉拉伯利分校的 K. 玛尼坎丹(K. S. Manikandan)和加尔各答分校的阿

第八章　商业模式创新与集团管理控制模式新思路

尼尔凡·潘特（Anirvan Pant）2013年发表于《哈佛商业评论》的文章《企业集团为何成功》一文简要地回顾了西方企业集团兴起和衰落的历史，在文中指出，企业集团在西方已不多见，但在中国有些企业集团非常成功。他们在文中解释道："在华尔街，企业集团股价折价率普遍为6%—12%。""在发达经济体中，企业集团可能已被视同恐龙，但在新兴市场，多元化企业集团仍兴盛不衰。"欧美业界和学术界普遍认为，专注于单一领域的企业比多元化企业更能创造股东价值。如今，我们看到的是大部分企业集团规模收缩，转型为专业化企业。虽然企业集团的组织形式在欧美不太被认可，但是在我国的经济体制改革中却发挥了举足轻重的作用。

笔者认为，从某种意义上，在西方，企业集团这种组织形式并非是其失败的真正原因，企业战略是否适应治理结构的需要、企业管理控制模式是否与治理结构和战略相匹配，才是真正的原因。也就是说，企业集团的组织形式须使战略得以从以产权保护导向的治理结构中解放出来。以产权保护导向的治理结构理应满足战略的需要，但在现实中，战略一直受限于治理结构。为满足股东价值创造目标而放弃战略机遇、有损战略价值的情况屡见不鲜，这极大地阻碍了企业的可持续发展。因此，国有企业集团可在业务单元层面上追求股东价值和企业价值，在集团层面上构建战略价值。如何在产权保护和企业战略价值上求得平衡，才是企业集团模式成功的王道。因此，面对大型国有企业集团的规范治理问题，需从产权和战略两个视角来考虑下面两个层面的问题：一是如何完善集团本身的治理架构，以满足集团实现战略价值的需要？是使集团本身成为某类功能性的管理中心（比如财务投资中心、战略管理中心、经营中心），还是改造集团公司的治理机制；二是集团如何完善对下属企业的管控问题，比如采取什么样的管理控制模式、如何实施管理控制和内部控制、财务部门所起的作用如何。这是两个层面的问题：一是从战略层面完善治理结构；二是从产权层面确保增加股东价值。大型国有企业集团治理模式是建立与产权和战略双匹配的一种治理机制,即不仅要从经营层面加强管控并创造价值,而且要从治理层面把握住适应经济形势变革的战略机遇和价值。

第三节 大型国有企业集团的异质性

国有企业集团是以国有资本为纽带,通过资本关联、资产联结、业务往来等契约方式将众多的成员企业联合起来,在互惠互利原则下形成的法人联合体。一般而言,集团公司统一战略,下属成员企业进行独立的生产经营和财务核算,各成员企业之间会有产品劳务、资本协作、资产股权、资金往来等关系。对于大型国有企业集团来说,由于资本来源的不同,不同资本来源的组合在很大程度上影响着公司战略和经营管理,特别是创新机制的选择问题。另外,由于长期以来国有企业的弊病在于政企不分,因此,规范大型国有企业集团治理的基本思路是从股权入手,改革"行政型纽带"的联结现状,以"管资本"为主线,使集团成员企业之间形成一个共同为集团战略服务的,包含多元投资主体的经济利益共同体。我们也看到,在我国的一些大型国有企业集团中,存在着大量的子公司失控现象,由此面临着"集而不团、大而不强"的困境。集团公司或者公司总部由于缺乏有效的管理控制手段,无法调动子公司积极参与集团内的经营协作行为,使得子公司有可能为了自身利益而不配合集团有效的资本协作。比如,集团公司未能有效管控子公司的有关集团公司投资权益的重大问题(如重大对外投资、重大担保事项、重大项目投资、重大诉讼纠纷等),子公司得以滥用集团赋予其的资源,一旦经营失败,则会给母公司带来巨大损失。我国的中航油事件就是一个典型的例子,由于新加坡公司擅自盲目开展石油期货业务,给中航油整个集团带来了5.5亿美元的巨额损失。当然,也有研究表明,过分严密的管控固然可以在一定程度上控制风险,但同时也束缚了分、子公司作为一个相对独立的主体进行价值创造的积极性（王世权和宋海英，2010）。

一般来说，从功能上来说，企业集团一般包括投资与产权管理、财务监控与资金运作、人事管理、组织管理、战略决策与管理、信息系统管理、产品开发与技术创新、市场开拓与品牌管理、内部交易与协调、集团文化建设、生产经营运作、过渡功能等。从组织架构来看，集团公司一般分为以下层次：第一层是集团公司（母公司）；第二层是全资分公司或者事业部；第三层是控股子公司；第四层是参股企业。对于不同性质的子公司，母公司在具体权力分配上还要实行差异化：对于全资子公司，既可以让其充分运作，也可以视同公司、事业部，甚至类似生产经营单元进行直接管理；对于绝对控股、相对控股的子公司则要通过子公司的治理结构或者相关协议进行管理和监控；对参股企业则一般围绕投资回报或稳定协作关系进行管理。因此，集团管控可能采取财务管控模式、战略管控模式与经营管控模式，管控模式不同，这些功能在集团公司和子公司之间的划分是不相同的，相应地，集团公司成为财务投资中心战略管理中心或者经营中心。这种管控模式的不同主要体现在组织架构上，因而是功能性的。对于多元化经营的企业而言，仅仅从组织架构上来考虑集团公司的集权与分权，某种程度上忽视了不同产业、不同业务的发展战略，因而是相对武断的。

大型国有企业集团有两点特性必须加以考虑：一是相对于对国有资本需求的无限性，国有资本供给具有相对的有限性；二是国有企业集团的异质性，即各种契约关系的不同组合形成了多法人性与多层次性的特征。这里的异质性体现在以下几个方面：第一，多元化的集团公司，下属企业大多跨行业经营。第二，下属企业的股权结构不同，可能存在着多种所有制并存的现象，大型企业集团通过产权结构多元化，对社会资源进行有效的整合，实现了自身的跨越式发展。第三，企业集团的功能不同，对下属企业的管控程度也不同，可能分别从战略、经营、财务等不同角度进行管控。企业集团作为一个整体，根据管控模式的不同，在集团公司和子公司之间功能配置亦不同。高勇强和田志龙（2002）总结了母子公司的管理与控制方式，指出母公司对子公司的管理与控制大多建立在以资本为纽带的控股权的基础之上，这只是一种基于股权的控制模式。由于大型国有企业集团的多维异质性，即使股权本身也存在着相同比例股权而有比较股权优势的问题，因此，结合大型国有企业集团的异质性，产权和战略是治理与管控模式的重要影响因素。

第四节　分类分层治理模式

根据上述分析，我们考虑采取分类分层的治理思路。所谓分类分层，是针对客观事物、事件以及有关事实等对象而划分成类别和种类，使之各有归属，并明确类别与种类之间的包含关系或排斥关系的过程。具体来说，就是根据不同的划分标准，把对象要安排在相互有别的各个群体中，群体彼此之间要有一条明确的界限以清楚地区分开来。在治理模式选择中进行分层与分类，不仅仅是进行归类，而且还意味着依据产权关系和与战略的特定关系来划分类别，分类本身也包含着一套等级秩序。

分层分类的治理模式，即构建一种合理的分层分类的治理管控体系，对于集团或单个子公司采取分层治理，对于众多子、孙公司采取分类治理，这样既有利于按照现代企业制度要求和《公司法》的规定，建立完善的法人治理结构，也可以保证集团公司对下属企业的管控。

具体的治理思路如下：

首先，国资委以"管资本"为主实施国资监管。从我国国有企业集团的组建以及企业集团的产生发展看，我国国有企业集团从产生到治理各环节均存在不同程度的治理行政化倾向。国资委本着优化法人治理结构，落实"管少、管精、管好"国资监管改革要求，做好出资人、董事会、监事会、经理层之间权限调整，使得国有企业高管摆脱重级别、重政治待遇、重权力来源等倾向，形成国资委、董事会、经理层和监事会之间良性互动的局面。从产权的角度来看，国资委代行出资者职责，一是将该由市场机制解决的具体经营事项从国资监管措施中释放出来；二是履行"资产收益、选择管理者、参与重大决策"三项出资者职责；三是强化预警机制和事中、事后的评估机制，建立既放活企业又监管好资本的国资监管新体制。

其次，资本运作的权力应该集中于集团公司。作为核心企业的母公司或者集团公司，为了形成和保持企业集团的整体优势和竞争力，必然要对各成员企业进行协调和控制。而且这种控制与其联结纽带紧密相关。集团公司把握集团整体的战略规划以及关键资源的配置权，对子公司的控制通过股东大会和董事会来行使决策控制权。

再次，明确各利益主体，特别是集团公司与其成员企业之间的财务决策权的安排。

最后，还要明确规定对成员企业单位的业绩度量和评价模式，以及与业绩评价相结合的激励制度。

按照产权与战略的划分思路，对于多元化经营、多法人与多层次的企业集团，可行的思路是在隐含的产权关系基础上，从行业与管控模式两个维度实施集团管控。按照这一分层分类思路，具体来说，有三点：

一是通过分类明确分、子公司的功能定位，以"服务集团战略规划、突出集团核心主业、兼顾分、子公司现状"为原则，形成符合集团特性的分类方式。分、子公司按照竞争类、功能类、公共服务类择一定位。

二是分类配置管控措施，对各分、子公司采取合适的管控模式；研究竞争类、功能类、公共服务类资本分开核算、分类监管、充分披露的监管措施，三类企业设置差异化的法人治理、考核分配、战略管理等国资监管措施。

三是按照企业的组织架构，允许子公司与集团公司差异化定类，以考核为导向，引导子公司逐步与集团公司战略趋同，并尽可能从组织结构方面分离竞争性业务和非竞争性业务，分层传递差异化管理。

针对集团内下属企业的异质性，作为平衡不同子公司差异的战略安排，分类分层治理，构建一个有限资本在集团内最优配置的治理与管控模式。其特性体现在：第一，资本配置上应体现出层次性，即注重不同企业的发展条件和发展潜力。从资金使用效率的角度来看，投资应向发展条件好、发展潜力较大的地区倾斜，使资金在寻求效益最大化的条件下得到合理配置，以避免资源配置过程中的效率损失。第二，促进国有企业集团的多元化发展。集团公司在发展核心主业的同时，还应破除在治理模式和管控模式上单向度的求同思维，确立起多向度的差异思维，在治理模式上应有所区别。第三，管控模式上要体现出差别性。在管控模式上要区分考虑不同行业、不同股权结构的现状和特点。

参考文献

一 中文部分

[1] 艾健明:《国有企业的非效率投资:一个寻租视角》,《财会通讯》(学术版) 2008 年第 5 期。

[2] 曹春方:《政治权力转移与公司投资:中国的逻辑》,《管理世界》2013 年第 1 期。

[3] 陈冬华、陈信元、万华林:《国有企业中的薪酬管制与在职消费》,《经济研究》2005 年第 2 期。

[4] 陈冬华、梁上坤、蒋德权:《不同市场化进程中高管激励契约的成本与选择:货币薪酬与在职消费》,《会计研究》2010 年第 11 期。

[5] 陈佳贵、刘树成、吴太昌:《论中国特色经济体制改革道路》(上),《经济研究》2008 年第 9 期。

[6] 陈文婷:《新兴市场的企业集团:是典范还是寄生虫》,《管理世界》2010 年第 5 期。

[7] 陈小洪:《日本产业发展过程中的"协调型"政企关系》,国务院发展研究中心企业研究所"战略性新兴产业政企关系研究"课题报告,2011 年。

[8] 陈运森、谢德仁:《网络位置、独立董事治理与投资效率》,《管理世界》2011 年第 7 期。

[9] 程仲鸣、夏新平、余明桂:《政府干预、金字塔结构与地方国有上市公司投资》,《管理世界》2008 年第 9 期。

[10] 丁友刚:《政府控制、产权激励与政府干预:文献综述》,

《会计之友》2011 年第 9 期。

[11] 杜兴强、曾泉、杜颖洁：《政治联系、投资过度与公司价值——基于国有上市公司的经验研究》，《金融研究》2011 年第 8 期。

[12] 樊萱：《国有企业预算管理中的问题与对策》，《株洲工学院学报》2006 年第 9 期。

[13] 方红星、金玉娜：《公司治理、内部控制与非效率投资：理论分析与经验证据》，《会计研究》2013 年第 7 期。

[14] 方军雄：《我国上市公司高管的薪酬存在黏性吗?》，《经济研究》2009 年第 3 期。

[15] 冯根福、赵珏航：《管理者薪酬、在职消费与公司绩效——基于合作博弈的分析视角》，《中国工业经济》2012 年第 6 期。

[16] 高勇强、田志龙：《母公司对子公司的管理和控制模式研究》，《南开管理评论》2002 年第 4 期。

[17] 蹇明、李亮：《控制权机制与报酬机制的替代关系研究》，《经济学动态》2007 年第 11 期。

[18] 耿强、江飞涛、傅坦：《政策性补贴、产能过剩与中国经济波动——引入产能利用率 RBC 模型的实证检验》，《中国工业经济》2011 年第 5 期。

[19] 韩克勇：《我国国有企业治理机制的发展及完善》，《现代经济探讨》2012 年第 10 期。

[20] 郝颖、刘星：《资本投向、利益攫取与挤占效应》，《管理世界》2009 年第 5 期。

[21] 胡雄飞：《企业集团和科斯的经济理论》，《社会科学战线》1995 年第 3 期。

[22] 黄速建、余菁：《中国国有企业治理转型》，《经济管理》2008 年第 19—20 期。

[23] 惠碧仙：《从企业的企业家契约理论看中国的国有企业改革》，《经济改革》1996 年第 4 期。

[24] 姜付秀、伊志宏、苏飞、黄磊:《管理者背景特征与企业投资过度行为》,《管理世界》2009 年第 1 期。

[25] 蒋卫平:《我国国有企业集团对上市子公司业绩影响之研究》,工作论文,复旦大学,2006 年。

[26] 金成晓、纪明辉:《我国大型国有企业集团公司治理失效探析》,《学习与探索》2008 年第 4 期。

[27] 金碚:《论国有企业改革再定位》,《中国工业经济》2010 年第 4 期。

[28] 李培林、张翼:《国有企业社会成本分析——对中国 10 个大城市 508 家企业的调查》,《中国社会科学》1999 年第 8 期。

[29] 李维安:《公司治理与公司治理原则》,《中国物资流通》2001 年第 2 期。

[30] 李维安、郝臣:《公司法公司治理变革起步》,《中国证券报》2006 年第 1 期。

[31] 李维安、郝臣:《中国公司治理转型:从行政型到经济型》,《资本市场》2009 年第 9 期。

[32] 李维安、邱艾超:《国有企业公司治理的转型路径及量化体系研究》,《科学学与科学技术管理》2010 年第 9 期。

[33] 李维安:《监督模式改革与治理的有效性》,《南开管理评论》2013 年第 1 期。

[34] 李维安:《推进全面深化改革的关键:树立现代治理理念》,《光明日报》2013 年第 11 期。

[35] 李焰、陈才东、黄磊:《集团化运作、融资约束与财务风险——基于上海复星集团案例研究》,《管理世界》2007 年第 12 期。

[36] 李良智:《经营者货币报酬激励与控制权激励替代关系研究》,东北财经大学出版社 2005 年版。

[37] 李焰、秦义虎、黄继承:《在职消费、员工工资与企业绩效》,《财贸经济》2010 年第 7 期。

［38］李艳丽、孙剑非、伊志宏：《公司异质性、在职消费与机构投资者治理》，《财经研究》2012 年第 6 期。

［39］李增泉、孙铮、王志伟：《"掏空"与所有权安排——来自我国上市公司大股东资金占用的经验证据》，《会计研究》2004 年第 12 期。

［40］李兆熙：《公共行政管理和公共企业管理——对市场经济中各国政企关系的研究》，《管理世界》1993 年第 3 期。

［41］李心合：《公司价值取向及其演进趋势》，《财经研究》2004 年第 10 期。

［42］李毅中：《深化国有资产管理体制改革》，《管理世界》2003 年第 9 期。

［43］廖幼鸣：《大型企业集团的特殊功能及其历史使命》，《管理世界》1989 年第 6 期。

［44］林浚清等：《高管团队内薪酬差距、公司绩效和治理结构》，《经济研究》2003 年第 4 期。

［45］林毅夫、李周：《现代企业制度的内涵与国有企业改革方向》，《经济研究》1997 年第 3 期。

［46］林毅夫、刘明兴、章奇：《政策性负担与企业的预算软约束：来自中国的实证研究》，《管理世界》2004 年第 8 期。

［47］刘昌国：《公司治理机制、自由现金流量与上市公司投资过度行为研究》，《经济科学》2006 年第 4 期。

［48］刘朝晖：《外部套利、市场反应与控股股东的非效率投资决策》，《世界经济》2002 年第 7 期。

［49］刘胜军：《企业改革再出发》，《纺织科学研究》2013 年第 12 期。

［50］刘浩：《政府补贴的会计制度变迁路径研究》，《当代经济科学》2002 年第 2 期。

［51］刘小玄：《国有企业改制模式选择的理论基础》，《管理世界》2005 年第 2 期。

[52] 刘媛媛:《国有企业资本投资的战略性管控机制的构建思路》,《国有资产管理》2012 年第 10 期。

[53] 刘媛媛、马建利:《政府干预视域的国有资本投资效率问题研究》,《宏观经济研究》2014 年第 6 期。

[54] 柳建华、魏明海、郑国坚:《大股东控制下的关联投资:"效率促进"抑或"转移资源"》,《管理世界》2008 年第 3 期。

[55] 逯东、孟子平、杨丹:《政府补贴、成长性和亏损公司定价》,《南开管理评论》2010 年第 12 期。

[56] 陆正飞、叶康涛:《中国上市公司股权融资偏好解析——偏好股权融资就是缘于融资成本低吗?》,《经济研究》2004 年第 4 期。

[57] 卢锐、魏明海、黎文靖:《管理层权力、在职消费与产权效率——来自中国上市公司的证据》,《南开管理评论》2008 年第 11 期。

[58] 罗宏、黄文华:《国有企业分红、在职消费与公司业绩》,《管理世界》2008 年第 9 期。

[59] 罗进辉、万迪昉:《大股东持股对管理者过度在职消费行为的治理研究》,《证券市场导报》2009 年第 6 期。

[60] 罗仲伟:《中国国有企业改革:方法论和策略》,《中国工业经济》2009 年第 1 期。

[61] 吕长江、赵宇恒:《国有企业管理者激励效应研究——基于管理者权力的解释》,《管理世界》2008 年第 11 期。

[62] 吕峻:《政府干预和治理结构对公司投资过度的影响》,《经济问题研究》2012 年第 1 期。

[63] 马璐:《企业战略性绩效评价系统研究》,经济管理出版社 2004 年版。

[64] 梅丹:《国有产权、公司治理与非效率投资》,《证券市场导报》2009 年第 4 期。

[65] 欧绍华、吴日中:《中国国有企业高管薪酬制度改革的路径分

析——基于制度变迁理论的视角》,《宏观经济研究》2012 年第 7 期。

［66］ 欧阳凌、欧阳令南、周红霞:《股权"市场结构"、最优负债和非效率投资行为》,《财经研究》2005 年第 6 期。

［67］ 潘敏、金岩:《信息不对称、股权制度安排与上市企业投资过度》,《金融研究》2003 年第 1 期。

［68］ 钱雪松:《企业内部资本配置效率问题研究——基于融资歧视和内部人控制的一般均衡视角》,《会计研究》2013 年第 10 期。

［69］ 钱颖一:《市场与法治》,《经济社会体制比较》2000 年第 3 期。

［70］ 钱颖一:《政府与法治》,《经济社会体制比较》2003 年第 5 期。

［71］ 屈文洲、谢雅璐、叶玉妹:《信息不对称、融资约束与投资—现金流敏感性——基于市场微观结构理论的实证研究》,《经济研究》2011 年第 6 期。

［72］ 权小锋、吴世农、文芳:《管理层权力、私有收益与薪酬操纵》,《经济研究》2010 年第 11 期。

［73］ 饶育蕾、汪玉英:《中国上市公司大股东对投资影响的实证研究》,《南开管理评论》2006 年第 5 期。

［74］ 冉茂盛、钟海燕、文守逊、邓流生:《大股东控制影响上市公司投资效率的路径研究》,《中国管理科学》2010 年第 4 期。

［75］ 沈永健、张天琴:《政府干预、冗余雇员与高管薪酬业绩敏感性——基于中国国有上市公司的实证研究》,中国会计学会 2011 年学术年会论文集,2011 年。

［76］ 邵军、刘志远:《"系族企业"内部资本市场有效率吗——基于鸿仪系的案例研究》,《管理世界》2007 年第 6 期。

［77］ 谌新民、刘善敏:《上市公司经营者报酬结构性差异的实证研究》,《经济研究》2003 年第 8 期。

[78] 苏华、张莉琴：《国有企业经营者激励与约束机制探讨》，《内蒙古科技与经济》2007年第2期。

[79] 树友林：《高管权力、货币报酬与在职消费关系实证研究》，《经济学动态》2011年第5期。

[80] 谭燕、陈艳艳、谭劲松：《地方上市公司数量、经济影响力与投资过度》，《会计研究》2011年第4期。

[81] 汤谷良：《从战略高度全面管理风险》，《新理财》2007年第8期。

[82] 汤谷良、王斌、杜菲、付阳：《多元化企业集团管理控制体系的整合观——基于华润集团6S的案例分析》，《会计研究》2009年第2期。

[83] 汤谷良、徐晓利：《从伊利股份的股权激励剖析绩效评价中的利润及其增长》，《财务与会计》2007年第23期。

[84] 汤谷良、杜政修：《集团总部的管理功能如何定位？——神马集团总部的管理功能分析》，《财务与会计》2001年第2期。

[85] 唐清泉等：《我国高管人员报酬激励制度的有效性——基于沪深上市公司的实证研究》，《当代经济管理》2008年第2期。

[86] 唐清泉、罗党论：《政府补贴动机及其效果的实证研究——来自中国上市公司的经验证据》，《金融研究》2007年第6期。

[87] 唐文雄、吴广谋、盛昭瀚：《企业集团化过程中政府作用的理论思考》，《中国软科学》2000年第6期。

[88] 唐雪松、周晓苏、马如静：《政府干预、GDP增长与地方国有企业投资过度》，《金融研究》2010年第8期。

[89] 童盼、陆正飞：《负债融资、负债来源与企业投资行为——来自中国上市公司的经验证据》，《经济研究》2005年第5期。

[90] 万良勇、魏明海：《我国国有企业集团内部资本市场的困境与功能实现问题——以三九集团和三九医药为例》，《当代财经》2006年第2期。

[91] 王峰娟、邹存良：《多元化程度与内部资本市场效率——基于

分部数据的多案例研究》,《管理世界》2009 年第 4 期。

[92] 王福胜、宋海旭:《终极控制人、多元化战略与现金持有水平》,《管理世界》2012 年第 7 期。

[93] 王冠:《近代西方政府职能理论之嬗变与政治实践》,《铁道警官高等专科学校校报》2008 年第 18 期。

[94] 王化成、蒋艳霞、王珊珊等:《基于中国背景的内部资本市场研究:理论框架与研究建议》,《会计研究》2011 年第 7 期。

[95] 王蕾:《内部资本市场与多元化的关系》,《时代经贸》2006 年第 11 期。

[96] 王珺:《政企关系演变的实证逻辑——我国政企分开的三阶段假说》,《经济研究》1999 年第 11 期。

[97] 王克敏、王志超:《高管控制权、报酬与盈余管理——基于中国上市公司的实证研究》,《管理世界》2007 年第 7 期。

[98] 王世权、宋海英:《国有大型总分公司式企业集团决策控制评价及实证分析——基于省级分公司问卷调研的研究》,《财政研究》2010 年第 5 期。

[99] 王霞、张国营:《管理层薪酬激励与企业投资关系研究》,《财会通讯》2007 年第 12 期。

[100] 魏刚:《高级管理层激励与上市公司经营绩效》,《经济研究》2000 年第 3 期。

[101] 魏明海、柳建华:《国有企业分红、治理因素与投资过度》,《管理世界》2007 年第 4 期。

[102] 吴凡、卢阳春:《我国国有企业公司治理存在的主要问题与对策》,《经济体制改革》2010 年第 5 期。

[103] 吴敬琏、黄少卿:《对国有企业的放权让利》,《中欧商业评论》2008 年。

[104] 吴育辉、吴世农:《高管薪酬:激励还是自利?》,《会计研究》2010 年第 11 期。

[105] 武常岐、钱婷:《集团控制与国有企业治理》,《经济研究》

2011 年第 6 期。

[106] 夏冬林、朱松：《金字塔层级与上市公司业绩》，《管理学家》2008 年。

[107] 夏冬林、李晓强：《在职消费与公司治理机制》，中国会计学会第六届理事会第二次会议暨 2004 年学术年会论文集（上），2004 年。

[108] 肖珉：《现金股利、内部现金流与投资效率》，《金融研究》2010 年第 10 期。

[109] 肖星、王琨：《关于集团模式多元化经营的实证研究——来自"派系"上市公司的经验证据》，《管理世界》2006 年第 9 期。

[110] 肖瑞婷、张荣刚：《股权分置改革与公司治理优化》，《经济管理》2006 年第 5 期。

[111] 谢志华：《公司内部治理的历史性转折——机构投资者的介入》，《当代经理人》2003 年第 12 期。

[112] 辛清泉、林斌等：《中国资本投资回报率的估算和影响因素分析——1999—2004 年上市公司的经验》，《经济学》（季刊）2007 年第 6 期。

[113] 辛清泉、郑国坚、杨德明：《企业集团、政府控制与投资效率》，《金融研究》2007 年第 10 期。

[114] 徐传谌、庄慧彬：《国有企业集团组织结构与运营效率分析》，《财政研究》2008 年第 7 期。

[115] 徐莉萍、辛宇、陈工孟：《控股股东的性质与公司经营绩效》，《世界经济》2006 年第 10 期。

[116] 徐晓东、陈小悦：《第一大股东对公司治理、企业业绩的影响分析》，《经济研究》2003 年第 2 期。

[117] 许年行、罗炜：《高管政治升迁与公司投资过度行为》，中央财经大学第七十二期双周学术论坛，2011 年。

[118] 许艳芳、张伟华、文旷宇：《系族企业内部资本市场功能异

化及其经济后果——基于明天科技的案例研究》,《管理世界》2009 年增刊。

[119] 薛澜、陈玲:《制度惯性与政策扭曲:实践科学发展观面临的制度转轨挑战》,《中国行政管理》2010 年第 2 期。

[120] 薛云奎、白云霞:《国家所有权、冗余雇员与公司业绩》,《管理世界》2008 年第 10 期。

[121] 杨棉之:《内部资本市场、公司绩效与控制权私有收益——以华通天香集团为例分析》,《会计研究》2006 年第 12 期。

[122] 杨棉之:《多元化公司内部资本市场配置效率——国外相关研究述评与启示》,《会计研究》2007 年第 11 期。

[123] 杨棉之、孙健、卢闯:《企业集团内部资本市场的存在性与效率性》,《会计研究》2010 年第 4 期。

[124] 姚俊、吕源、蓝海林:《我国上市公司多元化与经济绩效关系的实证研究》,《管理世界》2004 年第 11 期。

[125] 叶康涛、曾雪云:《内部资本市场的经济后果:基于集团产业战略的视角》,《会计研究》2011 年第 6 期。

[126] 易纲、林明:《理解中国经济增长》,《中国社会科学》2003 年第 2 期。

[127] 俞红海、徐龙炳、陈百助:《终极控股股东控制权与自由现金流投资过度》,《经济研究》2010 年第 8 期。

[128] 余明桂、夏新平:《控股股东、代理问题与关联交易:对中国上市公司的实证研究》,《南开管理评论》2004 年第 6 期。

[129] 于增彪、赵晓东:《中国集团公司管理控制系统:两个模式》,上海财经大学会计与财务研究院、上海财经大学会计学院,管理会计在中国的发展及实务运用国际研讨会论文集,2006 年。

[130] 曾庆生、陈信元:《国家控股、超额雇员与劳动力成本》,《经济研究》2006 年第 5 期。

[131] 张纯、吕伟:《信息披露、信息中介与企业投资过度》,《会

计研究》2009 年第 1 期。

[132] 张纯、高吟：《多元化经营与企业经营业绩——基于代理问题的分析》，《会计研究》2010 年第 9 期。

[133] 张功富、宋献中：《我国上市公司投资：过度还是不足？——基于沪深工业类上市公司非效率投资的实证度量》，《会计研究》2009 年第 5 期。

[134] 张功富、叶忠明、许晓丽：《政府干预、政治关系与企业非效率投资——基于中国上市公司面板数据的实证研究》，中国会计学会 2011 年学术年会论文集，2011 年。

[135] 张洪辉、王宗军：《政府干预、政府目标与国有上市公司的投资过度》，《南开管理评论》2010 年第 3 期。

[136] 张洁珺、陈国权：《西方政府职能：转变、模式选择及其制约因素》，《中国浙江省委党校学报》2000 年第 1 期。

[137] 张敏、吴联生、王亚平：《国有股权、公司业绩与投资行为》，《金融研究》2010 年第 12 期。

[138] 张习宁：《中国宏观经济的投资效率分析》，《海南金融》2012 年第 3 期。

[139] 张先治：《内部管理控制系统的十个关键要素》，中国会计学会、中国会计学会教育分会、中国会计学会第六届理事会第二次会议暨 2004 年学术年会论文集（下），2004 年。

[140] 张先治：《建立企业内部管理控制系统框架的探讨》，《财经问题研究》2003 年第 1 期。

[141] 张翼、李辰：《股权结构、现金流与资本投资》，《经济学》（季刊）2005 年第 4 期。

[142] 章卫东、张洪辉等：《政府干预、大股东资产注入：支持抑或掏空》，《会计研究》2012 年第 8 期。

[143] 赵静、陈玲、薛澜：《地方政府的角色原型、利益选择和行为差异——一项基于政策过程研究的地方政府理论》，《管理世界》2013 年第 2 期。

[144] 赵博:《产权属性、管理层激励与企业投资过度》,《财会月刊》2012 年第 5 期。

[145] 钟海燕、冉茂盛、文守逊:《政府干预、内部人控制与公司投资》,《管理世界》2010 年第 7 期。

[146] 中国国有企业集团代表团:《日本企业集团发展经验及启示——中国国有企业集团代表团访日考察报告》,《管理世界》1994 年第 1 期。

[147] 周业安、韩梅:《上市公司内部资本市场研究——以华联超市借壳上市为例分析》,《管理世界》2003 年第 11 期。

[148] 周黎安:《晋升博弈中政府官员的激励与合作——兼论我国地方保护主义和重复建设问题长期存在的原因》,《经济研究》2004 年第 6 期。

[149] 周黎安:《中国地方官员的晋升锦标赛模式研究》,《经济研究》2007 年第 1 期。

[150] 周祥:《国有企业预算管理的探讨》,《金融经济》2009 年第 6 期。

[151] 朱红军、陈继云、喻立勇:《中央政府、地方政府和国有企业利益分歧下的多重博弈与管制失效——宇通客车管理层收购案例研究》,《管理世界》2006 年第 4 期。

[152] 朱武祥:《金融系统资源配置功能的有效性与企业多元化——兼论企业集团多元化策略》,《管理世界》2001 年第 4 期。

二 英文部分

[1] Aggarwal, Rajesh K. and Andrew A. Samwick, "Empire – builders and Shirkers: Investment, Firm Performance, and Managerial Incentives", *Journal of Corporate Finance*, Vol. 12, No. 3, 2006.

[2] Alchian, Armen A., "Corporate Management and Property Rights", *Economics Policy and the Regulation of Corporate Securities*, 1969.

[3] Allen, F. et al., "Law, Finance, and Economic Growth in Chi-

na", *Journal of Financial Economics*, Vol. 77, No. 1, 2005.

[4] Bae, K. H. and S. W. Jeong, "The Value – relevance of Accounting Information, Ownership Structure, and Business Group Affiliation: Evidence from Korean Business Groups", Working Paper, 2002.

[5] Bai, C. E., Li, D. D., Tao, Z. and Wang, Y., "A Multi – Task Theory of the State Enterprise Reform", *Journal of Comparative Economics*, 1999.

[6] Bebchuk, L. A., Fried, J. M. and Walker, D. I., "Managerial Power and Rent Extraction in the Design of Executive Compensation", Law Review, University of Chicago, 2002.

[7] Bergström, F., "Capital Subsidies and the Performance of Firms", *Small Business Economics*, Vol. 14, No. 3, 2000.

[8] Boubakri, N. and Cosset, J. C. et al., "Political Connections of Newly Privatized Firms", *Journal of Corporate Finance*, Vol. 14, No. 3, 2008.

[9] Bruce D. Grundy, Hui Li, "Investor Sentiment, Executive Compensation, and Corporate Investment", *Journal of Banking & Finance*, Vol. 34, No. 10, 2010.

[10] Cai Hongbin, Fang Hanming and Xu Lixin, "An Investigation of Corruption from Entertainment Expenditures of Chinese Firms", Working Paper, 2005.

[11] Chen, G., Firth, M. and Rui, O., "Have China's Enterprise Reforms Led to Improved Efficiency and Profitability?", *Emerging Markets Review*, Vol. 7, No. 1, 2006.

[12] Chen, S. and Sun, Z. et al., "Government Intervention and Investment Efficiency: Evidence from China", *Journal of Corporate Finance*, Vol. 17, No. 1, 2011.

[13] Cheung, Y., Rau, P. R. et al., "The Helping Hand, The Lazy

Hand, or The Grabbing Hand? Central vs. Local Government Shareholders in Publicly Listed Firms in China", Unpublished Working Paper, University of Hong Kong, 2008.

[14] Claessens, Stijn et al., "Disentangling the Incentive and Entrenchment Effects of Large Shareholdings", *The Journal of Finance*, Vol. 57, No. 6, 2002.

[15] Coase, Ronald H., "The Nature of the Firl", *Economics*, Vol. 4, No. 16, 1937.

[16] Cull, R. and Xu, L. C., "Institutions, Ownership and Finance: The Determinants of Profit Reinvestment among Chinese Firms", *Journal of Financial Economics*, Vol. 77, No. 1, 2005.

[17] Demsetz, Harold and Kenneth Lehn, "The Structure of Corporate Ownership: Causes and Consequences", *The Journal of Political Economy*, 1985, p. 1155.

[18] Djankov, S. et al., "Courts", *The Quarterly Journal of Economics*, Vol. 118, No. 2, 2003.

[19] Faccio, M., Masulis, R. W. and McConnell, J., "Political Connections and Corporate Bailouts", *The Journal of Finance*, Vol. 61, No. 6, 2006.

[20] Fama, E., "Agency Problems and the Theory of the Firm", *Journal of Political Economy*, 1980, p. 288.

[21] Fishman, R., "Estimating The Value of Political Connections", *The American Economic Review*, Vol. 91, No. 4, 2001.

[22] Firth, M. and Malatesta, P. H. et al., "Corporate Investment, Government Control, and Financing Channels: Evidence from China's Listed Companies", *Journal of Corporate Finance*, Vol. 18, No. 2, 2012.

[23] Firth, M. and C. Lin et al., "Leverage and Investment Under a State-owned Bank Lending Environment: Evidence from China",

Journal of Corporate Finance, Vol. 14, No. 5, 2008.

[24] Fishman, R., "Estimating The Value of Political Connections", *The American Economic Review*, Vol. 91, No. 4, 2001.

[25] Fisman, R. and T. Khanna, "Facilitating Development: The Role of Business Groups", Working Paper, 1998.

[26] Frye, T. and Shleifer, A., "The Invisible Hand and the Grabbing Hand", *National Bureau of Economic Research*, No. w5856, 1996.

[27] Grinstein, Y. and Hribar, P., "CEO Compensation and Incentives: Evidence from M&A Bonuses", *Journal of Financial Economics*, Vol. 73, No. 1, 2004.

[28] Goldman, E., Rocholl, J. and So, J., "Do Politically Connected Boards Affect Firm Value", *Review of Financial Studies*, Vol. 22, No. 6, 2009.

[29] Gopalan, R. and Xie, K., "Conglomerates and Industry Distress", *Review of Financial Studies*, Vol. 24, 2011.

[30] Grossman, S. J. and O. D. Hart, "One Share – one Vote and the Market for Corporate Control", *Journal of Financial Economics*, Vol. 20, 1988.

[31] Hart, Oliver, *Firm, Contracts, and Financial Structure*, London: Oxford University Press, 1995.

[32] Hirsch, Fred, *Social Limits to Growth*, Cambridge: Harvard University Press, 1976.

[33] Holmstrom, Bengt, and Laurence Weiss, "Managerial Incentives, Investment and Aggregate Implications: Scale Effects", *The Review of Economic Studies*, Vol. 52, No. 3, 1985.

[34] Huang, X. and Li, P. et al., "Economic Growth and Multi – tasking by State – owned Enterprises: An Analytic Framework and Empirical Study based on Chinese Provincial Data", *Economic Sys-*

tems, No. 34, 2010, p. 160.

[35] Hoshi, Takea, Kayshap, Anil, Scharfstein, Jeremy, "Corporate Structure, Liquidity and Investment: Evidence from Japanese Industrial Groups", *Quarterly Journal of Economics*, Vol. 106, No. 1, 1991.

[36] Jensen, Michael C., "The Modern Industrial Revolution, Exit, and the Failure of Internal Control Systems", *The Journal of Finance*, Vol. 48, No. 3, 1993.

[37] Joh, S. W., "Corporate Governance and Firm Profitability: Evidence from Korea before the Economic Crisis", *Journal of Financial Economics*, Vol. 68, No. 2, 2003.

[38] Johnstone, H., "Business Model Innovation: A Case Study of Venture Capital in a Depleted Community", *Venture Capital*, Vol. 15, No. 1, 2013.

[39] Kornai, J., "The Soft Budget Constraint", *Kyklos*, Vol. 39, No. 1, 1986.

[40] La Porta, R. et al., "Judicial Checks and Balances", *National Bureau of Economic Research*, 2004.

[41] Lambert, Richard A., David F. Larcher and Keith Weigelt, "The Structure of Organizational Incentives", *Administrative Science Quarterly*, 1993, p. 438.

[42] Lee, J. W., "Government Interventions and Productivity Growth", *Journal of Economic Growth*, Vol. 1, No. 3, 1996.

[43] Li, Y., Sun, Y. F. and Liu, Y., "An Empirical Study of SOEs' Market Orientation in Transitional China", *Asia Pacific Journal of Management*, Vol. 23, No. 1, 2006.

[44] Lin, J., Cai, F. and Li, Z., "Competition, Policy Burdens, and State-owned Enterprise Reform", *The American Economic Review*, Vol. 88, No. 2, 1988.

[45] Lisa A. Keister, "Engineering Growth: Business Group Structure and Firm Performance in China's Transition Economy", *American Journal of Sociology*, Vol. 104, No. 2, 1998.

[46] Ma, X., Yao, X. and Xi, Y., "Business Group Affiliation and Firm Performance in China's Transition Economy: A Focus on Ownership Voids", *Asia Pacific Journal of Management*, Vol. 23, No. 4, 2006.

[47] MacNeil, I., "Adaptation and Convergence in Corporate Governance: The Case of Chinese Listed Companies", *J. Corp. L. Stud*, Vol. 2, 2002.

[48] Mark D. Walker, "Industrial Groups and Investment Efficiency", *The Journal of Business*, 2003.

[49] Mathews, R. and Robinson, D., "Market Structure, Internal Capital Markets, and The Boundaries of The Firm", *Journal of Finance*, Vol. 63, 2008.

[50] Michael C. Jensen, "Agency Costs of Free Cash Flow, Corporate Finance, and Takeovers", *American Economic Review*, Vol. 76, No. 2, 1986.

[51] Morck, R. and Shleifer, A. et al., "Management Ownership and Market Valuation: An Empirical Analysis", *Journal of Financial Economics*, Vol. 20, No. 2, 1988.

[52] Modigliani, F. and Miller, M. H., "The Cost of Capital, Corporation Finance and the Theory of Investment", *American Economic Review*, Vol. 48, No. 3, 1958.

[53] Myers, Stewart C. and Nicholas S. Majluf, "Corporate Financing and Investment Decisions When Firms Have Information that Investors Do Not Have", *Journal of Financial Economics*, Vol. 13, No. 2, 1984.

[54] Nilsson, Fredrik, "Parenting Styles and Value Creation: A Man-

agement Control Approach", *Management Accounting Research*, Vol. 11, 2000.

[55] Rajan, R. and J. Wulf, "Are Perks Purely Managerial Excess?", *Journal of Financial Economics*, Vol. 79, No. 1, 2006.

[56] Richardson, Scott, "Over-investment of Free Cash Flow", *Review of Accounting Studies*, Vol. 11, No. 2, 2006.

[57] Rocholl, Jörg, "Afrienin Need is a Friend Indeed: Allocation and Demand in IPO Bookbuilding", *Journal of Financial Intermediation*, Vol. 18, No. 2, 2009.

[58] Seru, Amit, "Firm Boundaries Matter: Evidence from Conglomerates and R&D Activity", *Journal of Financial Economics*, Vol. 111, 2014.

[59] Shin, Hyun-Han and Young S. Park, "Financing Constraints and Internal Capital Markets: Evidence from Korean Chaebols", *Journal of Corporate Finance*, Vol. 5, No. 2, 1999.

[60] Shleifer, Andrei and Robert W. Vishny, "A Survey of Corporate Governance", *The Journal of Finance*, Vol. 52, No. 2, 1997.

[61] Shleifer, A. and Vishny, R. W., "Politicians and Firms", *The Quarterly Journal of Economics*, Vol. 109, No. 49, 1994.

[62] Shleifer, A., "State Versus Private Ownership", *National Bureau of Economic Research*, 1998.

[63] Simons, R. et al., "Performance Measurement & Control Systems for Implementing Strategy", Prentice Hall Upper Saddle River, NJ, 2000.

[64] Sun, Qian, and Wilson H. S. Tong, "China Share Issue Privatization: the Extent of Its Success", *Journal of Financial Economics*, Vol. 70, No. 2, 2003.

[65] Stein, J. C., "Internal Capital Markets and the Competition for Corporate Resources", *Journal of Finance*, Vol. 52, No. 1, 1997.

[66] Stephen P. Ferris and Kenneth A. Kim, Pattanaporn Kitsabunnarat, 2001, "The Costs (and Benefits) of Diversified Business Groups", *Journal of Banking & Finance*, Vol. 27, No. 2, 2003.

[67] Stijn Claessens, Joseph P. H. Fan and Larry H. P. Lang, "The Benefits and Costs of Group Affiliation: Evidence from East Asia", *Emerging Markets Review*, Vol. 7, No. 1, 2006.

[68] Tarun Khanna and Krishna Palepu, "Why Focused Strategies May Be Wrong for Emerging Markets", *Harvard Business Review*, Vol. 75, No. 4, 1997.

[69] Tarun Khanna and Krishna Palepu, "Is Group Affiliation Profitable in Emerging Markets? An Analysis of Diversified Indian Business Groups", *The Journal of Finance*, Vol. 55, No. 2, 2000.

[70] Tarun Khanna and Yishay Yafeh, "Business Groups and Risk Sharing around the World", *The Journal of Business*, Vol. 78, No. 1, 2005.

[71] Tarun Khanna and Yishay Yafeh, "Business Groups in Emerging Markets: Paragons or Parasites?", *Journal of Economic Literature*, 2007.

[72] Wei, G., "Ownership Structure, Corporate Governance and Company Performance in China", *Asia Pacific Business Review*, Vol. 13, No. 4, 2007.

[73] Williamson, Oliver E., *Markets and Hierarehies: Analysis and Antitrust Implications*, New York: Free Press, 1975.

[74] Sun, Q. and W. H. S. Tong, "China Share Issue Privatization: The Extent of Its Success", *Journal of Financial Economics*, Vol. 70, No. 2, 2003.

[75] Wu, W., Wu, C. and Rui, O. M., "Ownership and the Value of Political Connections: Evidence from China", *European Financial Management*, Vol. 18, No. 3, 2012.

[76] Yeh, Y. H., Shu, P. G. and Chiu, S. B., "Political Connections, Corporate Governance and Preferential Bank Loans", *Pacific – Basin Finance Journal*, Vol. 21, No. 4, 2012.

[77] Yermack, D., "Flights of Fancy: Corporate Jets, CEO Perquisites, and Inferior Shareholder Returns", Working Paper, http://paper.ssrn.Com, 2005.

[78] Zhang Jun, "Investment, Investment Efficiency, and Economic Growth in China", *Journal of Asian Economics*, Vol. 14, No. 5, 2003.